Wilhelm Bäumker

Ein deutsches geistliches Liederbuch

Mit Melodien aus dem XV. Jahrhundert nach einer Handschrift des Stiftes

Hohenfurt

Wilhelm Bäumker

Ein deutsches geistliches Liederbuch
Mit Melodien aus dem XV. Jahrhundert nach einer Handschrift des Stiftes Hohenfurt

ISBN/EAN: 9783743416444

Hergestellt in Europa, USA, Kanada, Australien, Japan

Cover: Foto ©Thomas Meinert / pixelio.de

Manufactured and distributed by brebook publishing software (www.brebook.com)

Wilhelm Bäumker

Ein deutsches geistliches Liederbuch

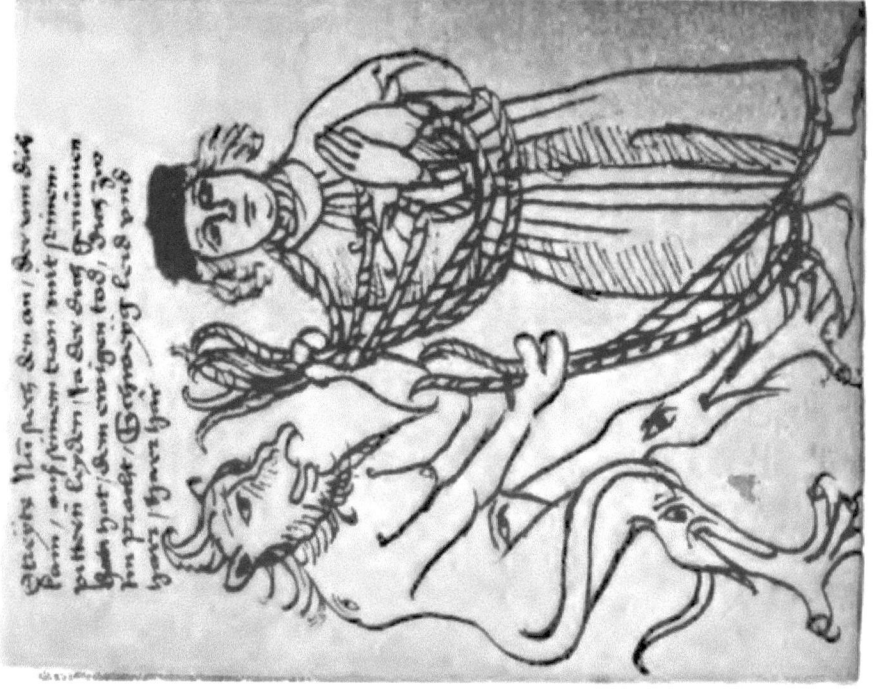

Ein deutsches geistliches Liederbuch

mit Melodien

aus dem XV. Jahrhundert

nach

einer Handschrift des Stiftes Hohenfurt

herausgegeben

von

Wilhelm Bäumker,
Doctor der Theologie.

Mit einer Tafel.

Leipzig
Druck und Verlag von Breitkopf & Härtel
1895.

Alle Rechte, insbesondere das der Übersetzung, vorbehalten.

Vorwort.

Das Liederbuch, welches ich hiermit der Öffentlichkeit übergebe, ist Eigenthum des Cistercienserstiftes Hohenfurt in Böhmen. Ich fand dasselbe notirt im Fachkataloge der musikhistorischen Ausstellung von Deutschland und Österreich-Ungarn in Wien 1892, S. 60. Auf mein Gesuch an den Prior des Klosters um nähere Auskunft über die Handschrift sandte mir der Bibliothekar P. Raphael Pavel nach einiger Zeit eine kurze Beschreibung derselben. Aus dieser ersah ich, daß das Liederbuch mit der Handschrift identisch war, aus welcher Kehrein in seinem Werke »Die ältesten katholischen Gesangbücher« (II. Bd. 1860, S. 694) zwei Lieder* mitgetheilt hat. Ich bat nun das Kloster um leihweise Überlassung der Handschrift, die mir bereitwilligst zugestanden wurde.

Seit dem Anfange der sechziger Jahre war die Handschrift im Kloster vermißt worden.** Man wußte über den Verbleib derselben nichts, bis kurz vor der Eröffnung der genannten Musikausstellung in Wien die Witwe des verstorbenen Regierungsrathes Franz Ludwig Mittler in Kassel das Liederbuch an das Kloster zurückschickte.

Während dieser Zeit war im Jahre 1886 der Hymnologe G. M. Dreves in Hohenfurt gewesen, hatte aber das Liederbuch nicht vorgefunden. Ebenso erging es später einem andern Forscher, Dr. Wolkan aus Czernowitz. Derselbe schreibt in seiner »Geschichte der deutschen Literatur in Böhmen« 1894, III. S. 219: »Um so werthvoller scheint eine Handschrift gewesen zu sein, deren Verlust wir erst in neuerer Zeit zu beklagen haben. Diese Handschrift, aus der Kehrein zwei Lieder mittheilt, ist zur Zeit nicht mehr in Hohenfurt. Der

---
* Nr. I und XI. in diesem Buche.
** Jedenfalls hatte man dieselbe verliehen, ohne Notiz davon zu nehmen.

Verlust derselben ist für die Geschichte des katholischen Kirchenliedes sehr zu bedauern.«

Glücklicherweise hat sich die Sache anders gestaltet. Die Handschrift ist in den Besitz des Klosters zurückgelangt und wird jetzt weiteren Kreisen zugänglich gemacht.

Den Grundsätzen, von welchen ich bei der Herausgabe einer ähnlichen Handschrift: »Niederländische geistliche Lieder nebst ihren Singweisen«* ausging, bin ich treu geblieben, namentlich deshalb, weil mein hochverehrter Lehrer und Freund, der allzufrüh dahingeschiedene Professor Dr. Crecelius († 13. Dec. 1889) dieselben mir angegeben hatte. Ich behandele demnach die Handschrift als Urkunde und gebe den Text und die Singweisen wort- und notengetreu wieder mit allen Inconsequenzen der Orthographie. Den kritischen Apparat, Wort- und Sacherklärungen bringen die Anmerkungen am Schlusse des Buches. Offenbare Schreibfehler sind berichtigt und unter dem Texte vermerkt. Nur hier und da ist ein Wort, welches zu fehlen scheint oder ein Buchstabe, der im Dialekt ausgefallen ist, in [ ] eingefügt worden, um den Sinn der Stelle klarzulegen. Die Abkürzungen im Abdrucke wiederzugeben, halte ich für zwecklos, zumal, wenn ihre Auflösung ganz unzweifelhaft ist. Nur an wenigen Stellen, namentlich am Schlusse der Verse ließ ich dieselben stehen, um den stumpfen Reim äußerlich mehr hervortreten zu lassen.

Die Abkürzungszeichen, welche vorkommen, sind die gewöhnlichen:

    v̄b' = über.
    vo' = vor.   d' oder de' = der.
    v'gangen = vergangen.
    nū = nun.
    vō = von oder vom.
    herrn̄ = herren;   legn̄ = legen.
    nēmen = nemmen (nehmen).
    kōmen = kommen.
    pelibm̄ = peliben.
    xpūs = Christus.
    ihūs = Jhesus.

Damit an den Liedern nicht nur Gelehrte, sondern auch weitere Kreise sich erfreuen können, und um den Lesern die Mühe, welche

---

* Vierteljahrschrift für Musikwissenschaft 1888.

mir die Entzifferung der Handschrift verursachte, zu sparen, habe ich eine moderne Interpunktion hinzugefügt und die Melodien in das bekannte Fünfliniensystem mit dem 𝄞-Schlüssel eingetragen.

Als Beitrag zur Geschichte des geistlichen- bezw. Kirchenliedes, sowie der religiösen Literatur des XV. Jahrhunderts überhaupt ist die Handschrift von nicht geringer Bedeutung. Auch in musikalischer Beziehung ist dieselbe werthvoll. Der Schatz der deutschen geistlichen und weltlichen Singweisen aus der Vorzeit wird theils durch eine Anzahl meistens sehr schöner Melodien vermehrt, theils erhalten wir bei bereits bekannten Singweisen die ältere Fassung. Ebenso dürfte in sprach- und kulturgeschichtlicher Hinsicht die Handschrift die Beachtung der Fachgelehrten verdienen.

Allen denjenigen, welche mich bei meiner Arbeit unterstützt haben, statte ich hiermit meinen aufrichtigen Dank ab, vor allem dem Subprior und Bibliothekar des Stiftes Hohenfurt Herrn Pater Raphael Pavel, für die Übermittelung der Handschrift. Ferner danke ich dem Herrn Universitätsprofessor Dr. Max Roediger und meinem verehrten Freunde Herrn Gymnasialoberlehrer Dr. Joh. Bolte in Berlin für freundliche Hilfeleistung bei sprachlichen Schwierigkeiten, dem letzteren noch besonders für die Unterstützung bei den Quellennachweisen und bei der Korrektur, schließlich auch meinem verehrten Freunde Herrn Dr. E. Jacobs, Archivrath in Wernigerode, für die aus der Fürstl. Stolbergischen Bibliothek mir gesandten Bücher und einige Winke und Rathschläge.

Rurich, Post Baal, den 25. Oktober 1895.
Rbz. Aachen.

Der Herausgeber.

Inhalt.

	Seite
Vorrede	III
Einleitung	IX

Die Jugendgeschichte Jesu in Liedern.

Nummer		Seite
I.	Ain rueff von dem engelischen grus	4
II.	Wie der engel den hiertten erschain	5
III.	Von den dreyen künigen	5
IV.	Wie sie von Jherusalem gen Bethlehem czugen	6
V.	Wie sie der steren weyst zu dem kindlein Jhesu vnd jm opfferten	7
VI.	Wye die künigk wider haim czugen	7
VII.	Wye man das kind in den tempel trug	8
VIII.	Wie Herodes die kindlein tött, vnd Joseph Jhesum in Egypten flöeht	8
IX.	In ainer andern weys der englisch grus	9
X.	Von der gepurd Christi, auch in diser weys	11
XI.	Von den dreyen künigen, auch in diser weys	13

Die Passion.

XII.	Ainen rueff von dem gantzen leyden Christi, mitlauffund die schmerczen Marie. Auch von Anfang mit der figur Abrahams	16
XIII.	Von dem leyden Christi	17
XIV.	Wye er einrayt an dem palmtag	18
XV.	Von dem schmerczen Marie czw Bethania	19
XVI.	Wie die juden an dem mitboch des herren piten gen Jherusalem	20
XVII.	Das abendessen	21
XVIII.	Als nun der herr den jungeren het dye füssz gewaschen	21
XIX.	Wye er an den ölpergk gieng	22
XX.	Wie er czw seinen jungern gieng	23
XXI.	Als Judas nun dem herren het den kus gegeben vnd jn dargab	24
XXII.	Wie er für Annam ward gefürt	25
XXIII.	Wie er für Caypham ward geführt	25
XXIV.	Von dem schmerczen Marie, als nun ir sun gefangen ward	26
XXV.	Wie er für Pylatum ward gefürt	27
XXVI.	Wie er für Herodem ward gefürt vnd wider czw Pilato	29
XXVII.	Die gayslung	29

Nummer		Seite
XXVIII.	Dye krönung	30
XXIX.	Ecce homo	30
XXX.	Das vrtayl	31
XXXI.	Dy ausfüerung	32
XXXII.	Dye abcziliung pey dem krewcz	32
XXXIII.	Dy aufrichtung des krewcz	33
XXXIV.	Als er nun hieng an dem krewcz	34
XXXV.	Als noch der herr hieng an dem krewcz vnd lebt	34
XXXVI.	Als nun dy sel von dem leichnam was geschaiden	35
XXXVII.	I N R I	36
XXXVIII.	Wie man jn ab dem krewcz nam vnd in das grab legt	36
XXXIX.	Wie er abfuer czw der hellen	37

Lieder von der Bekehrung des Sünders. Geistliche Lieder in weltlichen Weisen.

XL.	Wach auf, dw sünder, schwacher man	38
XLI.	Stand auf, dw armer sünder	40
XLII.	Nun schmuck dich, sünder, schmuck dich	41
XLIII.	Wol auf, mein sel, gehab dich wol	42
XLIV.	Wohin, wohin? ker wider vmb	43
XLV.	Was thustu, sünder, hie	44
XLVI.	Wolauf, wir wellens wecken	45
XLVII.	Der sünder, der sünder	45
XLVIII.	O sünder, wie, wes wartz dw hie	47
XLIX.	Ich klag mich armen sünder	48
L.	Ich schrey vnd rüeff auf erden	49
LI.	Wol auf, auff wer sich schaiden well	52

LII.	O sünder, grosser sünder		53
LIII.	Nun ich pin frisch		55
LIV.	Nun hört zu disem rayen	Geistliche Reihenlieder	56
LV.	Was singt ir kindlein auf dem plan		57
LVI.	Ir pitt, das ich euch singen sol		58
LVII.	Ir tanczer vnd spranczer. O welt, welt		59
LVIII.	Gehab dich wol		61
LIX.	Wo ich hinker auf diser erd		62
LIXa.	Wo ausz musz ich hinkeren		63
LX.	O nymmermer, die weyl ich leb auf erd		64
LXI.	Wolauf, wer pas well wandern		65
LXII.	Fleuch, fleuch wider haim		67
LXIII.	Hyet ich die gnad		68
LXIV.	Nun loben wir die himelküniginne		69
LXV.	Ich siech den margensterne		70
LXVa.	Ich siech den tag her leichten		71
LXVI.	O Maria, wir dich hie anrüffen		72
LXVII.	Ich rüff czw dir, o junckfraw, mit pegier		73
LXVIII.	Am jüngsten tag		73

Weihnachtslieder.

Nummer		Seite
LXX.	Jherusalem, erfreyd dich nun	75
LXXI.	Ain kind geporn zu Pethlehem	76
LXXII.	Es ist geporn ain kindelein, nun singen wir fro, fro	77
LXXIII.	Es ist geporn ain kindelein, erfreyet euch	78

Der geistliche Garten.

LXXIV.	Ein gartt, ain edler garten	79

Krippenlieder.

LXXV.	Wolauf! loben wir das kindelein	81
	O Jhesu, heiligs kindelein	82
	Vnser hailer ist hie	82
LXXVI.	Nun halt mir schan, dw frewnt der mein	82
	Halt mir noch lenger, frewnt der mein	83
	Pys vnuerdrossen, halter mein	83

Osterlieder.

LXXVII.	Erstanden ist der heilig Crist	83
LXXVIII.	Erfrey dich, himelkünigin	84

Schlusslied.

LXXIX.	Es ist nun alls vergangen	84

Anmerkungen	86
Alphabetisches Verzeichnis der Lieder und Melodien	97

Einleitung.

Das Liederbuch, eine Papierhandschrift, 14 cm hoch und 10 cm breit, ist in einen Holzband gebunden mit gepreßtem Pergamentrücken. Auf Blatt 1 steht eine später eingetragene Notiz: »Dieses Liederbuch ist ein Eigenthum des Cisterzienser Stiftes Hohenfurt in Böhmen, es enthält 128 Textblätter und 13 leere Blätter«. Darunter findet sich ein aus neuerer Zeit herrührender Stempel: »Stiftsbibliothek Hohenfurt«. Auf der Kehrseite des ersten Blattes stehen die beiden Melodien zu dem ersten Liede (Rufe) »Nun rüffen wir mariam an«. Blatt 2 enthält zunächst die Worte: »Monasterii Altovadensis«. Dann folgt der Text des ersten Rufes. Oben und unten auf diesem Blatte stehen zwei ältere Stempel: »Biblioth. Altov.«

Die Handschrift enthält jetzt noch die oben angegebene Zahl von 128 beschriebenen und 13 leeren Blättern. Die Paginirung ist aber vorgenommen worden, als das Liederbuch bereits in Folge starken Gebrauches defekt geworden war. Es fehlen Blätter nach Blatt 3 und Blatt 99. Nach dem Blatte 79 ist das Blatt 80 eingeklebt, welches aber nicht dahin gehört. Hier muß das Blatt 114 folgen, und das Blatt 80 gehört vor das Blatt 100. Die Schrift besteht aus Minuskeln, geschrieben mit schwarzer Tinte. Der Anfang eines neuen Liedes ist vom Schreiber durch Majuskeln kenntlich gemacht, die theilweise mit rother, theilweise mit schwarzer und rother Tinte geschrieben sind. Beim Beginn der Strophen stehen ebenfalls größere Buchstaben. Die einzelnen Zeilen einer Strophe haben, wenn sie nicht abgesetzt sind, an ihren Anfangsbuchstaben rothe Striche. Zumeist sind die Zeilen aber abgesetzt, und auch hier finden sich oft roth gezeichnete kleine Anfangsbuchstaben. In der vorliegenden Publikation kann man die roth markirten Buchstaben daran erkennen, dass sie groß geschrieben sind.

Die Handschrift macht den Eindruck eines viel gebrauchten Buches. Namentlich von Blatt 105 an, wo die Marienlieder beginnen, sind die Blätter sehr schmutzig. Die Schriftzüge deuten auf einen Schreiber hin, der sich von Blatt 125^b an einer anderen (feineren)

Feder bedient haben mag. An einzelnen Stellen finden sich Zusätze
von zweiter Hand, auf die ich an Ort und Stelle aufmerksam machen
werde. Das Liederbuch zerfällt in zwei Haupttheile. Der erste Theil
(Bl. 1—64) enthält sogenannte Rufe; zunächst (Bl. 1—11^b) von der
Verkündigung des Engels, der Geburt Christi und den heiligen drei
Königen u. s. w. mit zwei Melodien. Dann folgt (Bl. 12—24) eine Bear-
beitung dieser Rufe in einem anderen Versmaße mit einer Melodie.
Blatt 24 scheint ein Bildchen aufgeklebt gewesen zu sein, das aber
entfernt worden ist. Daran schließt sich (Bl. 24^b—64) ein Ruf vom
ganzen Leiden Christi, der in verschiedene Abschnitte zerfällt, mit
zwei Melodien. Die Worte »Vater in deine hend enpfilch ich meinen
geiste« haben eine besondere Melodie. Der zweite Haupttheil der
Handschrift enthält (Bl. 65—125) »geistliche Lieder in weltlichen
Weisen von einem groszen sünder«. Darauf folgen (Bl. 125^b—129^b)
Weihnachts- und Osterlieder und (Bl. 130) ein Schlußlied. Die Lieder
sind alle in der Reihenfolge abgedruckt, in welcher die Handschrift
sie bringt, mit Ausnahme von einigen bekannten lateinischen Liedern:
»Dies est leticie in ortu regali« (8 Strophen ohne Melodie. Vgl. Mone.
Lat. Hymnen des M. A. I, 1853. Nr. 47. Wackernagel, Das deutsche
Kirchenlied I, 1864, Nr. 332). Die Reihenfolge der Strophen ist diese:
1) Dies est leticie, 2) Orto dei filio, 3) Mater hec est filia. 4) In obs-
curis nascitur, 5) Angelus pastoribus, 6) Ut vitrum non leditur, 7) Orbis
dum describitur, 8) Christe qui nos propriis. Daran schließt sich
(Bl. 121) eine Verbindung der Lieder »Resonet in laudibus« mit dem
»Magnum nomen Domini« (ohne Melodie) in folgender Weise: »Re-
sonet in laudibus« (Wackernagel, Kirchenlied I, 350, 1), »Apparuit«,
»Magnum nomen Domini« (Daselbst I, 349, II). Nach der Wiederholung
des »Hodie apparuit« folgt die Strophe: »Qui creavit omnia, nascitur
ex femina, omni cum potencia«, sodann die Strophen: »Qui regnat in
ethere«, »Natus est emanuel«, »Syon lauda dominum«, »Ergo nostra
concio«, jedesmal mit dem Refrain »Apparuit« (Daselbst Nr. 353,
Str. 3, 5, 4, 5).

In der Handschrift finden sich auch drei Federzeichnungen.
Die erste auf Blatt 78 soll die Worte illustriren »Hie klagt sich der
geuangen arm sünder, verknüpft und verczogen in den stricken der
sünt, dardurch er het verloren den herren«. Das Bild zeigt uns einen
Teufel in menschenähnlicher Gestalt mit Theilen und Attributen vom
Bock (Hörner, Schwanz) und Raubvogel (Krallen an Händen und
Füssen). Durch Augen angedeutete Gesichter kommen vor auf dem
Bauche, dem Rücken und an den Beinen (hier mit Schwanenköpfen).
Einen Gelehrten (Doctor) hält der Teufel an Händen und Füßen
mit Stricken gefesselt. Das Barett, welches der Doctor trägt, hat
noch die alte einfache Gestalt. Die Füße sind bekleidet mit spitzen

Schnabelschuhen. Aehnliche Teufelsfiguren findet man im Bilderkatechismus aus dem 15. Jahrhunderte, herausgegeben von Joh. Geffcken. Leipzig 1855.*

Das zweite Bild (Bl. 114, welches aber auf Blatt 79 als Bl. 80 folgen muß) dient zur Erklärung der Worte »Mer ward der sünder ser petrübt vnd klagt sein gar armes verdämpliches leben, wan jn die gewanheit nicht wolt auf lassen, so getorst er auch nicht wol mer zw dem herren schreyen, vmb das er jm oft het verhaissen, er wolt es nymmer thain, vnd viel doch oft hinbider vnd hueb an czw klagen vnd schreien, wie her nach stet«. Im Hintergrunde ist eine Burg gezeichnet. Vor der Brücke steht die Figur des weinenden und klagenden Doctors, der seine Hände kreuzweise über die Brust zusammenlegt. Er kehrt soeben reuevoll aus der Burg (dem Sinnbilde der Welt) zurück, in die er sich wieder verlocken ließ.

Das dritte Bild (Bl. 86) dient zur Veranschaulichung der Worte »Hie schied der sünder von der welt vnd vberwand sich«. Der Hintergrund zeigt wiederum die Burg, umgeben von Sträuchern und Blumen. Ein junger Weltbürger (fahrender Schüler?) hat dieselbe soeben verlassen und bringt seine Freude darüber dadurch zum Ausdruck, daß er die Arme ausbreitet und mit den Füßen zum Tanze sich anschickt. Die Bilder 2 und 3 scheinen mir jüngeren Datums zu sein (Ende des XV. Jahrhunderts), weil die Figuren später aufgeklebt und die Anfänge der Perspektive schon bemerkbar sind.

Was den Inhalt der Lieder unserer Handschrift angeht, so finden wir im ersten Theile derselben die Schilderung der Jugendgeschichte des Heilandes und seines bitteren Leidens und Sterbens. Das Volk sollte aus dem Vortrag derselben Belehrung schöpfen über das Leben Jesu und dadurch zur »Andacht und Besserung des Lebens« angereizt werden**. Die Erzählung ist zum größten Theile der heiligen Schrift entnommen; manches ist jedoch nicht biblisch und gehört der christlichen Tradition an. Die Passion ist in vielen Partien ungemein anziehend und ergreifend dargestellt. Dies mag wohl darin seinen Grund haben, daß der Dichter, gerade wie Tauler in seinen geistreichen Betrachtungen des Lebens und Leidens Christi, es verstand, sich mit ganzer Seele in das Leiden des Herrn zu vertiefen und dasselbe dem Gefühle aller nahe zu bringen. Dabei ist die Sprache oft kräftig und realistisch, oft zart und gemüthvoll.

Auf die Gestaltung der Lieder im zweiten Theile der Handschrift hat die christliche Mystik des Mittelalters ihren bestimmenden Einfluß ausgeübt. Die folgenden Zeilen mögen dazu dienen, dem Leser das Verständnis zu vermitteln.

---

* Siehe das Facsimile.   ** Vgl. die Bemerkung zu dem Liede Nr. XII.

Den Grundgedanken der christlichen Mystik haben bereits Dionysius, der Areopagite, gegen Ende des fünften und Scotus Erigena im neunten Jahrhundert ausgesprochen. Der Letztere lehrt etwa Folgendes: Das wahrhafte Sein der Creatur ist deren ideelles Sein, d. h. deren Sein in Gott. Durch die Existenz in dem Materiellen ist dasselbe negirt: folglich hat der Mensch mit Negation alles dessen, was zu seiner materiellen Existenz gehört, sein Sein in Gott wieder herzustellen. Diese Wiederherstellung ist möglich gemacht durch Christus, denn, indem der Sohn Gottes sich in das Materielle heruntergegeben und dasselbe negirt hat, hat er eine solche Negation dem Geiste überhaupt möglich gemacht und so den Menschen in den Stand gesetzt, sein ideelles Sein wieder herzustellen« (De divis. nat. V, 39 in Wetzer's und Welte's Kirchenlexikon VII. Bd. 1851, S. 445). Diesen Gedanken führten die deutschen Mystiker, besonders Tauler († 1361) und Suso († 1366), deren Schriften dem Verfasser unserer Lieder wohlbekannt sind, weiter aus. Suso sagt z. B.: »Ein gelassener Mensch muß 1) entbildet werden von der Creatur, 2) gebildet werden mit Christo und 3) überbildet werden in die Gottheit« (Leben und Schriften, herausgegeben von Diepenbrock. 1. Aufl. 1884, S. 128). Das erstere geschieht, wie die Mystiker sich ausdrücken, auf dem Wege der Reinigung (via purgativa), das zweite auf dem Wege der Erleuchtung (via illuminativa), das dritte auf dem Wege der Einigung (via unitiva).

Den Weg der Reinigung beschreiben die Lieder XI. bis LI. Der Sünder wird durch eine innere Stimme ermahnt, aufzustehen vom Schlafe der Sünden, Buße zu thun und die Welt zu verlassen. Es entspinnt sich ein gewaltiger Kampf zwischen dem äußeren und inneren Menschen, das ist: zwischen der Sinnlichkeit und Vernunft. Das Gewissen ist erwacht und warnt den Sünder. Die Prediger schildern ihm die Schrecklichkeit der Höllenstrafen. Er entschließt sich, zu Gott zurückzukehren. Aber die Gewohnheit will ihn nicht gehen lassen, sie macht ihn rückfällig. In seiner großen Noth wendet der Sünder sich nun an die Himmelskönigin. Maria verhält sich anfangs seinen Klagen gegenüber ablehnend, weist ihn aber schließlich hin auf ihr Kind, den Erlöser. Diesen ruft er nun um Hülfe an, auf ihn vertrauend nimmt er Abschied von der Welt und überwindet sich.

Jetzt befindet sich der Sünder auf dem Wege der Erleuchtung durch Christus, dem er seine Bekehrung zu verdanken hat. Er erzählt den Verlauf derselben andern Sündern und Weltkindern, um auch sie zu bewegen, sich zu Gott zu kehren. Jubelnd verkündet er ihnen seine große Freude über den Erlöser, den er als das leuchtende Beispiel hinstellt, das alles beherrscht, und sucht Jung und Alt zur Liebe zu ihm hinzureißen und zur Nachfolge anzuregen. Darauf hält er der Welt, der auch er einstens angehörte, eine gewaltige Strafrede. Doch auch auf dieser Stufe ist der Mensch noch vielen Versuchungen ausgesetzt. Tiefe Seelenleiden befallen ihn und nehmen ihm jeglichen Muth. Indessen, der Herr hilft ihm wieder auf, und der Mensch bereut seine Schwäche (Nr. LII bis LX).

In den nun folgenden Liedern (LXI bis LXVIII) ist der Weg zur Einigung geschildert. Der Bekehrte lenkt den Flug seiner Seele zu dem himmlischen Vaterlande und den Freuden der seligen Himmelsbewohner. Das sehnliche Verlangen nach der Vereinigung mit Gott und der Himmelskönigin ruft in ihm eine heilige Begeisterung hervor und seine Poesie steigert sich hier zu seltener Schönheit. Den Schluß bildet ein Lied vom jüngsten Gericht, weil erst nach diesem die Vereinigung des Menschen mit Gott in der vollkommensten Weise (nach Leib und Seele) sich vollzieht. Es folgen noch Weihnachtslieder, ein geistliches Lied von einem Garten, Krippen- und Auferstehungslieder und das letzte Lied des Dichters vor seinem Ende (Nr. LXXIX).

Die Sprache der Handschrift ist der bayrisch-österreichische Dialekt in der zweiten Hälfte des fünfzehnten Jahrhunderts. Meiner Ansicht nach ist das Liederbuch nicht Original, sondern die Copie einer andern Handschrift, angefertigt von einem Mönche des Klosters Hohenfurt in Böhmen. Die Gründe dafür sind folgende:

Nr. II, 3 steht der Reim:

> Der engel gottes pey jn stuend
> mit grosser klarhait sic vmschain.

Im Original wird jedenfalls »staind« gestanden haben, wie I, 41, wo »staind« und »schain« reimen. Vgl. auch Nr. XXXV, 36.

Nr. XLVII, 2, 1 lautet ein Reim:

> Die dieß, die tiefl,
> die werden sein sein kurczweil.

Das Original wird wohl »kurczwil« gehabt haben.

Nr. LI, 7 steht:

> Siech mich noch an, wildw mich lan,
> o, wie machstu mir das gethuen!

Statt »gethuen« wird wohl »gethan« dagestanden haben.

Nr. XLI, 12, 1:

> Das klag ich an mein ende
> o dw, mein sel. mit mir!

Im Original wird wohl gestanden haben »unz an mein ende«, d. h. bis an mein Ende.

Eine einheitliche Orthographie ist nicht vorhanden. Im Gegentheil bemüht sich der Copist, die Mannigfaltigkeit seiner Schreibweise zur Schau zu stellen. Das zeigt sich namentlich bei Wiederholungen von Worten und Sätzen. Man vergleiche z. B. im Liede Nr. LVIII die dritte und vierte Zeile jeder Strophe.

Der Strophen- und Versbau ist sehr mannigfaltig. Wir haben zwei- bis fünfzehnzeilige Strophen in der Handschrift. Die Mehrzahl bilden die vierzeiligen Strophen. Bei den einzelnen Versen kommt, weil wir es hier mit Accentversen zu thun haben, nur die jedesmal fest bestimmte Zahl der Hebungen in Betracht. Die Senkungen können variiren, d. h. es können deren mehr oder weniger sein als Hebungen. Durch die Melodie wird der Wechsel in den Senkungen ausgeglichen, weil für alle Fälle Noten genug vorhanden sind. Sollten zuviel Noten da sein, weil eine Senkung fehlt, so verbindet man zwei Noten auf einer Hebung. Nehmen wir beispielsweise das Metrum der Rufe und vieler anderer Lieder, welches gewöhnlich vier Hebungen und vier Senkungen zählt:

$$\smile \acute{\_} \smile \acute{\_} \smile \acute{\_} \smile \acute{\_}$$

so finden wir in demselben folgende Verse:

Sie sähen és in ármút   Nr. V, 8).

oder

Es líget dá in ármút (Nr. LXXI, 5, 1).

oder

Nun schmúck dich, sünder, schmúck dích (Nr. XLII, 1, 1).

Die vierte Senkung ist hier ausgelassen und zwar mit Absicht, weil es nicht gegen die Regel war. In anderen Versen fehlt die erste Senkung:

Óffen stét das hímel tór   Nr. XLII, 1, 3.

Es wäre verfehlt, wenn man in derartige Verse Flicksilben zur Ergänzung des Metrums einschieben wollte. In den älteren Dichtungen, z. B. in Hartmann's »Armem Heinrich«, in Wolfram's »Parzival«, im Nibelungenlied kommen Verse mit fehlenden Senkungen oft vor.

Die Reime sind meistens sehr unrein: Assonanzen und identische Reime kommen häufig vor, wahrscheinlich aus dem Grunde, weil der Dichter für den Vollreim nicht das passende Wort finden konnte; dagegen ist der poetische Gedanke oft sehr schön.

Wer der Verfasser der Lieder im ersten Theile der Handschrift ist, lässt sich nicht sagen, weil eine daraufbezügliche Bemerkung nicht vorkommt. Die Lieder im zweiten Theile rühren von einem »groszen

Sünder« her, der zwanzig oder dreißig (dreiunddreißig) Jahre der
Welt diente und sich dann zu Gott kehrte*. Nach den Federzeichnungen auf den Blättern 80 und 114, die allem Anscheine nach den
großen Sünder darstellen sollen, war er kein Geistlicher, sondern ein
Laie: Gelehrter (Doctor). Er steht auch für seinen Stand ein, denn
in der vierten Strophe des Liedes, welches die Strafpredigt für die
Welt enthält (Nr. LVII), stellt er die Gelehrten mit den Gerechten
auf eine Stufe und gibt ihnen Hoffnung auf die ewige Seligkeit;
während in der zweiten Strophe desselben Liedes die geistliche Welt
schwer angeklagt wird. Nach einer Bemerkung auf Blatt 124 ist
der »grosse Sünder« Dichter aller Lieder im zweiten Theile der
Handschrift: »Vnd die lieder alle (an den garten) gen auf den vorgemelten sünder. Got jm gnad hie vnd dort ewicklichen. Amen«**.
Damit wären also die Lieder gemeint von Blatt 65 bis 125 oder die
Lieder Nr. XL bis LXXIV, ohne das Lied von dem Garten. Auch
die lateinischen Lieder »Dies est laetitiae«, »Resonet in laudibus«
und »Magnum nomen Domini« werden wohl auszunehmen sein.

Der große Sünder war ein nicht unbegabter Dichter, der in seinen
Liedern die schönsten Seelenschilderungen niedergelegt hat, indem
er uns alle Freuden und Leiden eines von Gott geschiedenen und
zu ihm zurückgekehrten Herzens offenbart. Seine Sprache ist eine
so edle, naive und gemüthvolle, dass man sich unwillkürlich davon
angezogen fühlt. Sehr ergreifend durch den kräftigen Realismus sind
seine Lieder von der Hölle (Nr. XLVII), von dem damaligen traurigen
Zustande der Welt (Nr. LVII) und vom jüngsten Gericht (Nr. LXVIII),
während andere Lieder, namentlich die Lieder an die heilige Jungfrau, sehr zart gehalten sind und einen großen Reichthum schöner
Gedanken und Bilder entwickeln.

Singweisen enthält die Handschrift im ganzen 35. Davon wiederholen sich die Melodien Nr. LII bei Nr. LXXIV und Nr. LX bei
Nr. LXVII. Im ersten Theile finden sich fünf Ruf-Melodien.
Diese wurden so vorgetragen, wie man von Alters her die Litanei
von allen Heiligen in der katholischen Kirche zu singen pflegt.
Entweder singt ein Vorsänger die Anrufung und der Chor, oder das
Volk die Antwort, z. B.:

V.: Pater de coelis deus!
Ch.: Miserere nobis!

oder, wie es am Charsamstage und den Bitt-Tagen vor Christi

---

* Vgl. die Vorbemerkung zum II. Theile und die Äußerungen in den Liedern
XLI. 11; LII. 5 und LIII. 7.
** Die Worte »an ohne den garten« sind von späterer Hand hinzugefügt.
Die ganze Bemerkung ist mit rother Tinte überstrichen, um sie unleserlich zu
machen.

Himmelfahrt) vorgeschrieben ist: der Vorsänger singt die Anrufung mit der Antwort, und der Chor oder das Volk wiederholt beides:

V.: Pater de coelis deus, miserere nobis!
Ch.: Dasselbe.

In derselben Weise sang bei Processionen ein Vorsänger:

Nun rüffen wir Mariam an!

Das Volk antwortete:

Ave Maria!

Vorsänger: Als ir der grus vom himel kam.
Volk: Pit got für vns Maria! (vgl. Nr. I.

So zu singen wird wohl Regel gewesen sein bei allen Rufen, die mit einem Refrain versehen sind.

Die andere, duplizirende Art des Vortrages wird bei solchen Rufen Anwendung gefunden haben, die ohne Refrain sind.

Nr. IX unserer Sammlung wurde demnach in folgender Weise gesungen:

Vorsänger: Nun loben wir, der uns peschueff!
Volk: Dasselbe.
Vorsänger: Und seinen sun mit disem rueff!
Volk: Dasselbe.
u. s. w. bis zum Schlusse.

War die Procession sehr groß, sodass ein Vorsänger dieselbe mit seiner Stimme nicht beherrschen konnte, so traten mehrere Vorsänger an verschiedenen Stellen ein. Der erste gab dann dem zweiten, dritten etc. durch Erhebung eines Stabes das Zeichen zum Beginn einer neuen Strophe, bezw. Zeile.

Der zweite Theil der Handschrift enthält »geistliche Lieder, doch in weltlichen Weisen«. Die weltlichen Lieder des Mittelalters hatten vielfach anstößige Texte. Um diese zu beseitigen und die meistens sehr schönen Melodien zu retten, kam man auf den Gedanken, die weltlichen Texte geistlich umzudichten unter Beibehaltung der weltlichen Singweisen. Man nannte diese geistlichen Parodien »Contrafacta«. Als Dichter solcher Lieder ist bekannt Heinrich von Laufenberg, Priester zu Freiburg im Breisgau und seit 1445 im Johanniterkloster zu Straßburg. Der Verfasser der Lieder unserer Handschrift, der ebenfalls wünschte, dass das Volk »der groben Lieder Sag von sich abwerfen möge«* dichtete Contrafacta auf die folgenden weltlichen Lieder »Wol auf, wir wellens wecken« (Nr. XLVI), »Wär ich ein Falk, so wolt ich mich aufschwingen«

---

* Vgl. Nr. LIII, 16, 2.

LXIII, »Ich siech den Morgensterne« (LXV', »Ich siech den Tag
her leuchten« LXV». Von anderen Volksliedern nahm er nur die
Melodien und dichtete ganz neue Texte ohne Anklänge an das welt-
liche Lied, z. B. »Nun laube, Lindlein, laube!« LII und LXXIV),
»Der Meie, der Meie bringt uns der Blümlein viel« (LIV), »Wenn
ich des Morgens früh aufsteh« (LIX). »Wär ich ein wilder Falke«
(LXIII). Mehr oder weniger Ähnlichkeit mit Volksliedermelodien
fand ich bei den Nummern XLV »Es liegt ein Schloß in Österreich«,
LVI »Es flog ein kleines Waldvögelein«, LVII »Mein Mann der ist
in Krieg gezogen«, LXI »Nun wend ir hören singen« (Benzenauer).
Für eine größere Anzahl von Melodien müssen die ursprünglichen
weltlichen Texte noch aufgefunden werden.

Die Melodien sind eingetragen in vier roth gezeichnete Linien.
Die Noten sind schwarze Choralnoten. Nur die semibrevis ✦ und
minima ♩ kommen vor. Von den Schlüsseln fand der *f*-, *c*- und *g*-
Schlüssel Verwendung auf folgenden Linien:

Das Zeichen ≈ bedeutet die Pause für die ✦, ♩, oder den
Schluß der Zeile. Eine Tempobezeichnung findet sich nur einmal
bei dem Liede Nr. XLI vor. Übrigens läßt sich aus den Noten sehr
leicht erkennen, ob die Melodie im ungeraden oder geraden Takt
gesungen werden soll. Nach der Regel »so viele Hebungen der Vers
hat, so viele Takte hat die Melodie« wird jeder, der Lust dazu hat,
die Taktstriche einfügen können. Die ♭-Vorzeichnung fehlt, wie es
damals üblich war, bei den meisten Melodien, denen sie eigentlich
hätte beigegeben werden müssen. In Nr. LXXIII steht einmal ♭ vor
e (*es*), der beste Beweis, daß am Anfange des Notensystems die ♭-Vor-
zeichnung vergessen worden ist.

Um manchen Lesern das Erkennen der Singweisen nicht allzu-
sehr zu erschweren, sind in der folgenden Reproduktion die Melodien
in ein Fünfliniensystem mit dem 𝄞-Schlüssel eingetragen worden.
Die wenigen Ligaturen, die vorkommen, sind durch ein ⌐ über den
Linien gekennzeichnet. Dadurch verlieren die Melodien ebensowenig
ihre Originalität, wie die Texte durch Hinzufügung einer modernen
Interpunktion. Was die Tonarten angeht, so finden sich in den
Singweisen unserer Handschrift die beinahe hundert Jahre später
(1557) von Glarean in seinem Dodekachordon aufgestellten Kirchen-
tonarten bereits vor, obwohl die Theorie nur acht Tonarten kannte.

Ich setze dieselben nebst ihrer Transposition hierher:

		Grundton.		Transponirt mit ? Vorzeichnung.	
I.	Dorisch	D e f g a h c d.	D.	G a h c d e f g.	G.
II.	Hypodorisch	a h c D e f g a.		d e f G a h c d.	
III.	Phrygisch	E f g a h c d e.	E.	A h c d e f g a.	A.
IV.	Hypophrygisch	h c d E f g a h.		e f g A b c d e.	
V.	Lydisch	F g a h c d e f.	F.	B c d e f g a b.	B.
VI.	Hypolydisch	c d e F g a h c.		f g a B c d e f.	
VII.	Mixolydisch	G a h c d e f g.	G.	C d e f g a b c.	C.
VIII.	Hypomixolydisch	d e f G a h c d.		g a b C d e f g.	
IX.	Aeolisch	A h c d e f g a.	A.	D e f g a b c d.	D.
X.	Hypoäolisch	e f g A h c d e.		a b c D e f g a.	
XI.	Ionisch	C d e f g a h c.	C.	F g a b c d e f.	F.
XII.	Hypoionisch	g a h C d e f g.		c d e F g a b c.	

Der Grund- und Schlußton ist in den authentischen und plagalen (hypo-) Tonarten stets derselbe.

Dorisch sind die Melodien XII*a*, XII*b*, XLIV, XLVI, XLVII, L, LI, LIV, LIX, LXIV, LXV, LXVI, LXVIII, LXX.
 Phrygisch: LV.
 Lydisch: XL, XLII.
 Mixolydisch: XLI, XLIX, LII, LVI, LVII.
 Äolisch: I*a*, LII, LIII, LXII.
 Ionisch: I*b*, IX, XLIII, XLV, XLVIII, LVIII, LX, LXI, LXIII, LXXII, LXXIII.

Die Lieder.

I.
Nun rüffen wir mariam an. [Bl. 1 b]

* Vergleiche dazu Nr. XIIb.

Ain rueff von dem engelischen grus. [Bl. 2a]

1. Nun rüffen wir mariam an,
als ir der grus vom himel kam.
2. Got sand ain poten oben herab
gen Nazareth her in dy stat
3. Zw ainer junckfrawn, dy was rain.
jn ainer czellen was allain.
4. Der pot was Gabriel genant,
ain engel aus dem obern land.
5. Maria was dy magt genant,
dem almaechtigen wol erkant.
6. Der pot kam zw der junckfrawn schnel,
da er sy vant in ainer czell.
7. Gar hoffenlich er sich erczaigt
vnd gen der junckfrawn hübschlich
naigt:
8. 'Aue, dw pist genaden vol,
der herr mit dir, gehab dich wol;
9. Gebenedeit vber alle weyb.
gesegent ist die frucht deins leibs!'
10. Dy junckfraw da vor nyder sach,
dem engel nicht pald antburt gab.
11. Der grus ir vngeböndlich was.
vnd sich dar ab verbundern ward:
12. 'Nun fürcht dir nicht', der engel
sprach. [Bl. 2b]
'got mich zw dir gesandet hat.
13. Dw wirst enpfahen vnd gepern,
das menschlich schlächt erlörst sol
wern!'
14. Maria zw dem engl sprach:
'nun vnderbeys mich diser sach,
15. Wye das ain junckfraw müg. gepern,
dy kainen man nye thet pegern?'
16. Der engl sprach: 'nicht wunder dich,
got alle ding sind mügelich;
17. Der heilig geist das würcken wirt,
got mensch aus dir geparen wirt.
18. Du wirst geperen ainen sun,
des nam gehaissen wirt ihesus.
19. Ain junckfraw dw peleiben wirst
vor vnd auch nach, so dw jn gepierst.
20. Der engl auch mer zw ir sprach:
'ain ezaichen gib ich dir, nymbar:
21. Elyzabeth, dy frewntin dein,
ist schwanger aines kindeleins;
22. Des sechs maneyd vergangen seind.'
dy junckfraw sich des mer erfreyd.
23. Als nun dy junckfraw das vernam,
wie das von got. dem vatern. käm:
24. 'Nymbar, ain diern gotes herrn,
nach deinem wort nun mir geschech!'
25. Als pald dy junckfraw das gesprach.
der heilig geist da würcken ward. [Bl. 3a]
26. In irem rainen, kewschen leib
got mit der menschait sich veraint.
27. Das himlisch gspräch ain ende nam.
der engl sich von dannen schwang.
28. Maria schickt sich auf den weg
hin eylund zw Elyzabeth.
29. Mit grossen freyden zw ir kam.
vnd grüsten aneinander schan.
30. Johannes da jn muterleib
gen seinem schöppfer sich erczaigt.
31. Elyzabeth des schier enpfant
vnd zw maria sprach zwhant:
32. 'Von wan kumbt mir mit freyden her
dy muter gotes vnd mein herr?
33. Des sich dy frucht in meinem leib
erhebet auf vnd sich erfreyd.
34. Gebenedeyt sey ewigkleich
dy frucht deins rainen, kewschen leibs!'
35. Maria da peleiben thet
drew maneyd pey Elizabeth.
36. Mit grossem vleysz sy ir da pflag
vnd wider haim sy dar nach czoch.
37. Joseph, der ir vermähelt was,
ain rainer man vnd auch got forcht.
38. Der sach mariam schwanger an.
des wundert sich der grechte man;
39. Wan er nicht west vm disew ding.
[Bl. 3b]
das got ein vater was des kindes.
40. Vnd haimeleich er jm gedacht.
wie er sy nun verlassen mächt.
41. Der engl gotz das vnderstaind.
dem joseph in dem schlaff erschain:
42. 'Nym hin zw dir den gemahel dein.
vnd lass dir sy pefolhen sein;
43. Vnd furcht dir nicht, dw pist gewys
vm das in ir geporen ist.
44. Das ist vnd kumbt vom heilign geist.'
vnd jn noch mer des vnderbeist:
45. 'Sy wirt geperen ainen sun,
des nam gehaisen wirt ihesus.
46. Des allerhöchsten sun genant,
der alle ding hat in der hant.
47. Sein volck wirt er haim süchen hie,
von iren sünden hailen wirt.'
48. Joseph vernam die götlich sach;
vnbirdig er sich des gedacht.
49. Wan er des was nun vnderbeyst,
vnd in dem glauben wol gespeyst.
50. Des sey dir lob vnd er gesayt,
got, heiligew driualtigkait!
51. Speys vns auch mit den gnaden dein
hie vnd pey dir auch ewigkleich.
52. Maria, muter, rainew magt,
auch lob vnd er sey dir gesagt.
53. . . . .
dys sye zwm ewigen leben weysz. [Bl. 4a]

* Hier fehlt in der Handschrift ein Blatt. Vgl. Nr. X. 15, 4.

54. Maria da ir pet volpracht,
 an czweyfel sy geweret wart.
55. Des frey sich nun der sünder hie:
 vmb rew. peicht, pues vergeben wirt.
56. Am himel vnd auf ertterreich
 geschahen czaichen wunderleich.
57. Dye pösen sünder in der nacht
 die sturben all des gähen totz.
58. Dye engel da nicht auspelibñ,
 mit lobgesangk sye nicht geschwigñ.
59. Sye lobten got gar jnnigkleich
 vnd auch dy junckfrawn. muter sein.
60. Nun muter, junckfraw. künigin.
 wir loben dich auch mit dem kind,
61. Das an vns nicht verloren werd
 vor deinem kind dein trews gepet.

II.
Wie der engl den hiertten erschain.

1. Dy nacht als christus ward geparn
 die hyertten auff dem velde warn.
2. Den got auch da in sunderbar
 sein heiligew gepurd wolt offenbarn.
3. Der engel gottes pey jn stuend.
 mit grosser klarhait sie vmschain.
4. Dye hiertten da erschracken* ser.
 gedachten, was das wunder wär.
5. Der engel sprach: 'nun fürcht euch
 nicht, [Bl. 4b]
 gross freyd ich euch verkunden wil:
6. Wan heut ist vns geporen her
 christus, der hailer, auf dy erd!
7. Des gib ich euch ain czaichen mer:
 zw bethlehem ir vinden werdt
8. Ain kind, in tüchl gewickelt ein.
 geleget in ain kripp hinein.'
9. Zwhant ain grosse menig ward
 der himelischen ritterschaft
10. Got lobund auf das allerhüchst,
 vnd frid der menschen auf der erd.
11. Dye hiertten wurden vnderbeist.
 nach grosser forcht gar ser erfreyd.
12. Vnd ainer zw dem andern sprach:
 'nun eylen wir vnd sehen das!'
13. Sye kummen eylund an die stat,
 dar an christus geparen ward.
14. Sye sahen da die wunderding:
 dy junckfrawn. in der kripp das kind.
15. Sye lobten got gar jnnigkleich.
 verkünten das gar freydenreich.
16. Sich freyten auch des kindeleins
 in himeln, vorhell, ertterreich.
17. Den vättern in der vorhell grunt
 den ward da grosse freyd pekunt.
18. Wan sye erkanten durch ain liecht,
 das ir erlöser wär nun hie.
19. Des ethlich pey fünff tausent iarn
 [Bl. 5a]
 pert in der vorhell warten warñ.
20. Dye hoften, schier erlöset wern,
 wan christus was nun hie auf erdñ.
21. Der achtist tag nun kummen was,
 das kind sein erstes plut vergass.
22. Nach dem gesecst man es peschnayd.
 die muter schmerczen mit jm layd.
23. Jhesus wart da das kint genant,
 sein nam herab vom himel kam.
24. O ihesu. heilige kindelein,
 nun lass vns dir pefolhen sein!
25. Vnd junckfraw. muter, künigin.
 dw edlew kindlpetterin.
26. Des alles wir ermanen dich.
 parmherczigklichen vns ansiech!
27. Vnd pit für vns arm sünder hie.
 nach vnserm end hilff vns zw dir!
28. Dan loben wir dich ewigkleich
 mit deinem sun in seinem reich.

III.
Von den dreyen künigen.

1. Nvn sullen wir petrachten mer [Bl. 5b]
 die grossen gottes wunder werck.
2. Als got nun mensch geparen ward,
 in orient man czaichen sach:
3. Ain newer stern da ensprang
 vnd leicht als wie der sunnen glancz.
4. Des nummen jn drey künigk war. [Bl. 6a]
 mit grossen freyden sprachen da:
5. 'Das ist der stern, der pedeyt
 den newen künig. er vns weyst.
6. Nun eylen wir vnd süchen jn,
 mit vnsern gaben eren jn!'
7. Sye wurden des als ser erfreyd,
 das sie hetten gelebt dy czeyt,
8. Vnd reyten solten dem zwhoff:
 des freytten sich die künigk hoch.
9. Sye schickten sich mit grossem vleys,
 mit mächtigkait vnd schöner weys.
10. Als yeder nun wegfertig ward,
 ain yedem leicht der steren var.

---
* H.: erscharcken.

11. Mos, perg vnd tal was ju geleich,
nacht vnd auch tag der stern sie weyst.
12. Got fürt sie da in seiner pflicht,
sye assen werder truncken nicht.
13. Sye kummen für iherusalem,
ein dicker nebl auf sie kam.
14. Von gottes wunder das geschach,
der stern sich verpergen was.
15. Darvm die kunigk trawrten ser,
wan sie den weg nicht westen mer.
16. Da ainer nach dem andern kam,
der nebl sich von dannen schwang.
17. Sy sahen an einander an,
ainer enpfieng den andern schan.
[Bl. 6b]
18. Sye sahen auch vor jn die stat,
des sich ir herez erfreyen ward.
19. Ainer den andern fragen ward,
war vmb er doch wär kummen dar?
20. Da merckten sie die ainig sach,
ir herez vor grossen freyden lacht.
21. Sye ezugen zw der stat hinein;
der stern ju nicht mer erschain.
22. Das volck erschrack vnd wundert ser,
von wan sölch mächtig volck käm her.
23. Herodes auch erschrack des ser;
er fragt, von wan sie kämen her?
24. Sye fragten nach dem newgeparn,
'des ster wir gesehen habm.'
25. Herodes des noch mer erschrack
vnd nach dem stern er da fragt,

26. Vnd wan er jn erschinen wär,
sye sagten jm da weysz vnd pär.
27. Sye fragten auch mer mit pegier:
'wo wand der juden künig hie?'
28. Dar vmb wir seinen kummen her,
den anezepetten auf der erd.'
29. Herodes jn nicht sagen kunt;
wan jm die ding nicht waren kunt.
30. Herodes zw jm fadern thet
dye fürsten, priester, gschriftgelertn.
31. Er fragt, wo christus wurd geparn,
[Bl. 7a]
'zw bethlehem', gunden sie sagu.
32. Als nun herodes das vernam,
dem kindlein ihesu was er gram.
33. Er fragt sie vleissigklichen mer,
wan jn der sterii erschinen wär?
34. Das thet er auf aynn falschen syn,
wan er das kind jolt nemmen hin.
35. Vnd zw den künigen er da sprach:
'eziecht hin gen bethlehem, die stat.
36. Gar vleissigklich fragt nach dem kind,
so ir das vint, mir das verkündt;
37. Vnd auch köm vnd pett es an!'
des freytten sich die künigk gantz.
38. O ihesu, heilige kindelein,
der wüttreich gert das leben dein!
39. Dir nit vergundt, der dw da warst,
dar vm trueg er dir neyd vnd hasz.
40. Vor sölchen herczen vns pehüet,
des pitten wir dich durch dein güt.

IV.
Wie sie von iherusalem gen bethlehem ezugen.

1. Dye künigk wurden vnderweyst,
mit grossen freyden wolgespeist.
2. Sye schickten sich mer auf den weg,
der stern jn mer leichten thet.
3. Dye hyertten auf dem veld du warn,
[Bl. 7b]
die sahen da die grossen scharn,
4. Den stern vor jn leichten her
mit klarem schein ir weg vnd steg.
5. Sye eylten zw jn mit pegier,
vnd hueben an zw reden schier:
6. 'In sölcher klarhait sahen wir
den engel gotz, der vns peschied:
7. Ain junckfraw hiet ain kind gepert,
das wär der hailer aller welt.'
8. Dye künigk wol erkanten das,
das es der juden künig was.

9. Dye hierten sie noch fragten mer,
wo, wan doch das geparen wär.
10. Dye hiertten sprachen da pehend:
'nun eziecht hin ein, gen bethlehem.
11. An allen ezweyfl ir da vintt
die junckfraw muter mit dem kind.'
12. Mit freyden hörten sie die wart,
die hierten sye pegabten da.
13. Sye richten sich da zw mit vleisz
jn irew künigklichew klayd.
14. Mit grossen gaben, schöner er,
zwlob dem künigk vnd zw er.
15. Nun pitten wir dich, kind, mit vleys,
den weg zw dir vns auch hie weys!
16. So lang wir dich gefunden habm,
mit vnsern opfern auch pegabm.

V.
Wie sie der steren weyst czw dem kindlein [Blatt 8 a] ihesu vnd jm opfferten.

1. Sye volgten mer dem stern nach
pys hin gen bethlehem dy stat.
2. Das volck erschrack vnd wunder nam,
was sich doch wolt da vahen an.
3. Der stern weyst sie an dy stat,
dar an got mensch geparen ward.
4. Ob ainer schuppfen er pelaib,
dar vnder lag das vnser hail.
5. Er tailt sich klar mit seinem schein
da halber in dy höl hinein.
6. Sye sahen da dy junckfrawn an
jn armut vnd in schlechtem gwant,
7. Vor ain esel vnd auch rind
vnd in der krippen auch das kind.
8. Sy sahen es in armut.
das edl kindlein nam für gut.
9. Dye künig sawmten sich nicht mer
vnd eylten zw den schäcsen ser.
10. Sye giengen mit einander ein,
der steren da als klar erschain.
11. In was recht wie in ainem fewr,
erschricken, vorcht was jn nit tewr.
12. Sye westen nicht, wie jn da was,
vergassen aller grossen gab.
13. Von gottes wunder das geschach,
ein yeder nicht mer opfern ward, [Bl. 8 b]
14. Dan jm von erst kam in die hant:
gold, weyrach, mirn, die gschrift verkünt.
15. In ward zw opffern also gach,
in grosser andacht das geschach.
16. Ir hercz jnbenig prinnen gund,
die gnad sie hetten von dem kind.
17. Dye junckfraw, muter, künigin
sasz pey der krippen mit dem kind.
18. Sein hewplein mit der hant erhueb,
die künig traten da hinczue.
19. Sye sahen da die wunder an
vnd kusten vor die erden schan.
20. Mit vleys ir oppfer legten da
der rainen junckfrawn auf die schosz.
21. Dye junckfraw jn da naigen ward:
'got gnad euch!' sitigklichen sprach.
22. O junckfraw, muter, künigin,
nun hilff vns auch zw deinem kind.
23. Das wir jm oppfern leib vnd sel,
all vnser trüebsal hie auf erd!
24. Vnd vns des hie auch wirdig mach,
von seinen wegen leyden das!
25. Als nun das alles ward volpracht,
dar vm sie ausgeczogen warn.
26. Vnd als sie got het dar geweist
an hunger, durst, an alle speys, [Bl. 9a]
27. Nun hueben sye zw essen an
ir nottürft hinfür an vnd an.
28. Sye sagten auch da offenbar.
warumb sie waren kummen dar.
29. O dw gar falsches juden gschlächt,
wie dw deinn hailer hast verschmächt?
30. O dw erstocktes, stainenis volck,
dw west wol vnd nicht wissen woltzt!
31. Noch hewt bey tag, dw plinter jud,
vil czaichen siechst vnd hörst die nun.
32. Noch nyemantz dich erbaicken kan,
far in die hell füran vnd an!
33. Herr, vns pehüet vor disem val.
wan wir gelauben gantz vnd gar.
34. In dem dw vnser end peschlews,
vmb vnser sünd vns nit verlews!

VI.
Wye die künigk wider haim czugen.

1. Nun süllen wir petrachten mer
die grossen gottes wunderberck.
2. Als nun der dienst da ward volpracht,
die künig pflagen da der rast.
3. Sye schickten sich hin wider haim;
der steren jn nicht mer erschain.
4. Was sie got fürt in dreyczehn tagn,
czway iar hin wider musten habn.
5. Ain antburt jn jm schlaff erschain:
[Bl. 9 b]
ain ander weg sie czügen haim
6. Vnd zw herodes kamen nicht,
wan er das kind wolt nemmen hin.
7. Mit freyden schieden sie von dan,
mit grosser arbait durch die land.
8. Wan das an vrsach nicht geschach,
got sein gepürd wolt offenbarn.
9. Herodes da petrogen ward,
dem kindlein trueg er neyd vnd * has.
10. Vnd in der czeyt, so schickt sich das,
zw ram der kayser sein pedarft.

---
* H.: vns hat.

11. Gar eylund er jm pot vnd schraib.
    herodes czway iar auspelaib.
12. Dye czeyt des kindleins nye vergass,
    er hiet es dan vertilget ab.
13. Maria da die vierczigk tag
    des iren kindleins jnnen lag
14. Vnd stät an diser stat pelaib
    vnd pey der kripp ir kindlein sewgt
15. Ein yeder mensch sol mercken das,
    nicht das sy des notturftig was.
16. Nun sewg den hailer. künigin,
    erfreyd dich. muter, deines kindez!
17. Nun schmuck vnd truck jn an dein
    hercz,
    den schöpffer himels vnd der erd!
18. Erbirb vns gnad vm vnser schuld
    vnd ewigklichen dort sein huld!
    [Bl. 10 a]
19. Wan er dich. muter, nicht verczeicht;
    jn allen nötten ste vns pey!

VII.
Wye man das kind in den tempel trug.

1. Nun sullen wir nicht lassen ab,
   die schönen dind petrachten gar.
2. Als nun die tåg erfüllet warn,
   das kind man solt in tempel tragn.
3. Man trueg es gen iherusalem
   nach dem gesoczt des moysens.
4. Man trueg auch mit dem kindelein
   czway junge turteltewbelein.
5. Vnd ee das kind in tempel kam,
   herr Symeon das vor vernam.
6. Wan er was grecht vnd auch got förcht.
   der heilig geist jn jm das warcht.
7. Das er nicht säch den seinen tod.
   er säch dan ibesum christum vor.
8. Als nun das kind in tempel kam.
   herr Symeon das zw jm nam;
9. Mit grossen freyden es enphieng.
   mit andacht in den armen hielt.
10. Er sach auch da dy muter an
    vnd gab ir auch das zwuerstan,
11. Wye das ain scharffes, spiczig schwert
    durchtringen wurd ir hercz vnd sel.
12. Vnd des erschrack dy künigin, [Bl. 10b]
    wan sy must leyden mit dem kind.
13. Als nun die ding volendet warn,
    die zw den dingen da gehörtn.
14. Ir kind maria zw ir nam,
    gen Nazareth czoch wider haim.
15. Maria anderthalbes iar
    mit irem kind da wanen war.
16. O. wer kan doch gedencken da.
    wie maria des kindleins pflag!
17. Mit grossen freyden thet sy das,
    in kainer czeit verdrossen was.
18. Maria da auch nyemantz wolt,
    der das für sy ausrichten solt.
19. Sy thet es selb mit allem vleys.
    ain yedew muter lern dapey.
20. Des alles wir ermanen dich,
    maria, vnser nicht vergis!

VIII.
Wie herodes die kindlein tött, vnd joseph ihesum in egipten flöcht.

1. Herodes nicht des kintz vergas.
   als er von ram nun kommen was.
2. Mit grossem vleys er nach jm fragt.
   das er es fund vnd tötten macht.
3. Der engel gotz joseph erschain:
   'nun nym das kind vnd muter sein.
4. Zewch mit jn in egippen hin,
   pys ich dir widerumb verkünn. [Bl. 11a]
5. Wan hie herodes sücht das kind,
   das er es wolt vertilgen hin!'
6. Joseph sich hueb da auf zwhant
   vnd czoch hin in egippen land.
7. So lang jn wider ward verkündt.
   herodes da verlosz das kind.
8. Da ihezus in egippen kam,
   dye abgötter vielen ab zwhant:
9. Wan er was da, got, mensch vnd herr.
   der allain angepet solt wern.
10. Herodes jn jmse'l b ergrumbt.
    das er das kind nicht finden kunt.
11. Wan er jm forcht. er wurd vertribn,
    dar vmb maint er dem obczelign:
12. Er lies tötten in betblehem
    vnd allenthalben vm die end
13. Allew die kind pey czwayen iarn
    jn mitt vnd dye dar vnder warn
14. Er lies die süchen gantz mit vleys,
    sein grosser neyd jn dar zw weyst.
15. Er maint. er hiet gefunden das,
    dem er trueg sölchen neyd vnd has.
16. Da flöcht jn joseph vor von dann,
    des wütrichs wil wart da verdampt.

17. Dye klag der müter was da gros,
    dye ezäher irew wang pegas.
18. Der kindlein in der czale warn [Bl. 11b]
    jr hundert thawsend vnd auch warn
19. Ir vier vnd vierczigk thawsent mer;
    die wurden alle da ertött.
20. Als nun der wüttreich das volpracht,
    vm ihesus willen das geschach:
21. Das ewig leben er jn gab.
    nach seinem leyden jn das ward.
22. Herodes auch ain ende nam,
    pey dem dan alle poshait wandt.
23. In pittrigkeit er sterben gund,
    pegraben in der helle grunt.
24. Vor der pegrebnüsz vns pehüet
    das kindlein ihesus durch sein güt!
25. Nun ihesu, heilige kindelein,
    wir rüffen an den namen dein!
26. Verlass vns nicht jm jamertal,
    jn angsten, nöten vnd in qual!
27. Genad vns herr, got, mensch vnd kind.
    parmherczigkleich vns nym von hynn!
28. Allain dir, got, zw lob vnd er
    schick vnser leben hie auf erd!
29. Nach disem end das ewig lebm̄,
    amen, das vns das werd gegebm̄!

Der lange Ruf mit seinen zweizeiligen Strophen wurde von einem Vorsänger vorgetragen. Nach jeder ersten Zeile sang das Volk: »Ave Maria« und nach jeder zweiten »pit got für vns, maria«. Die beiden Singweisen (äolisch und hypoionisch) sind sehr volkstümlich gehalten und so eingerichtet, das die variirenden Senkungen in den Verszeilen ausgeglichen werden können.

IX.

In ainer andern weys der englisch grus.

Nvn loben wir, der vns peschueff. [Bl. 12 a]

Nvn lo-ben wir, der vns pe-schueff, Vnd sei-nen sun mit

di-sem rueff, Dem er nicht mer für vns wolt v̈-ber-se-

hen, Er wolt jn senden her auf dy-sew er - den.

1. Nvn loben wir, der vns peschueff,
   Vnd seinen sun mit disem rueff,
   Dem er nicht mer für vns wolt v̈berschen,
   Er wolt jn senden her auf dysew erden.
2. Er sand ain poten oben herab [Bl. 12 b]
   Gen Nazareth her in dy stat
   Zw ainer junckfrawn, die er jm hies grüssen
   Mit götlichen, gar schonen warten süssen.
3. Der pot was gabriel genant,
   Ain engl aus dem obern land.
   Her zw der rainen junckfrawn kam er schnelle,
   Da er sy vand allain in ainer czellen.
4. Der engl durch verschlosnew tüer
   Kam da ein zw der junckfrawn schier.
   Schan, jnuigklichen thet er sich erczaigen
   Vnd gen der junckfrawn hoffenlichen naigen:

5. 'Aue. dw pist genaden vol,
Der herr mit dir, gehab dich wol.
Dw pist gesegent vber alle weybe,
Gesegent ist dy frucht auch deines
    leibes!'
6. Dy junckfraw da vor nyder sach.
Dem engl nicht pald antburt gab.
Gros wunder nam dy edel. rain vnd
    süsse
Ab disem vngewändelichen grüssen.
7. 'Nun fürcht dir nicht', der engel
    sprach.
'Got mich zw dir gesandet hat;
Aus dir wil er ain mensch geparen
    werden, [Bl. 13 a]
Dar durch das menschlich geschlächt
    erlost sol werden.'
8. Dy junckfraw zw dem engel sprach:
'Nun vnderbeys mich diser sach,
Wie das ain junfraw müg ain kind
    geperen,
Dy kaynen man erkant, noch nye ge-
    geret!'
9. Der engl sprach: 'nicht wunder dich.
Got alle ding sind mügelich.
Der heilig geist wirt herab in dich
    kömmen,
Vnd got die menschhait hie von dir
    wirt nemmen.
10. Dw' wirst geperen ainen sun,
Des nam gehaissen virt iheus.
Des allerhochsten sun wirt er gehaisen.
Dw vor vnd nach ain junckfraw wirst
    peleyben.'
11. Der engl auch mer zw ir sprach:
'Ain czaichen gib ich dir. nymbar:
Elyzabeth, dein frewntin, hat empfan-
    gen,
Tregt ainen sun, des sex maneyd ver-
    gangen.'
12. Als nun die junckfraw das vernam.
Wye das von got, dem vatern, käm,
Sy sprach: 'nymbar, ain diern gottes
    herren,
Nach deinem wart nun mir gescheh
    vnd werde!'
13. Als pald dy junckfraw das gesprach,
    [Bl. 13 b]
Der heilig geist da würcken ward.
In irem rainen, kewschenlichen leybe
Thet sich got mit der menschait da
    verainen.
14. Das himlisch gespräch ain end da nam:
Der engel sich von dannen schwang.
Zw Nazareth lies er dj junckfrawn
    rainen.
In irer czellen lobt sy got mit freyden.
15. Maria schickt sich auf den weg
Hin eylund zw Elyzabeth.

Schon an einander sye pegunden
    grüssen
Mit grossen freyden vnd mit warten
    süssen.
16. Ir payder freyd da gross erschain
Vm das, das sich got het veraint.
In muterleyb johannes sich thet
    naygen.
Gen got vnd seinem scheppfer sich
    erczaigen.
17. Elyzabeth des schier enpfant
Vnd zw maria sprach zwhant:
'Von wan kumpt mir dy muter meines
    herren,
Des sich dy frucht jn mir erfreyd als
    sere?'
18. Maria da peleiben thet
Drew maneyd pey Elizabeth.
Mit ganczem vleys pegund sy ir da
    pflegen [Bl. 14 a]
Vnd widerumb gen Nazareth sich heben.
19. Als vor ee. ee vnd das geschach,
Dem joseph sy vermähelt ward,
Der ir da pflag in rainigkait mit vleyse:
Wan er was rain. gerecht. klueg vnd
    auch weyse.
20. Da nun dy czeyt her nächnen ward,
Maria nun gros schwanger was.
Das merekt joseph vnd sich des was
    verbundern;
Haimlich gedacht. wie er von ir möcht
    kummen.
21. Der engl gotz das vnderstaind,
Dem joseph in dem schlaff erschain:
'Joseph, ein sun dauitz', er zw jm
    sprache,
'Nym hin zw dir mariam deinen ge-
    mähel!
22. Vnd fürcht dir nicht, dw pist gewys!
Wan das in jr geparen ist,
Das ist vnd kumbt her von dem hei-
    ligen geiste.'
Der engl jn noch mer des vnderbeyset:
23. 'Sy wirt geperen ainen sun,
Des nam gehaissen wirt iheus.
Sein volck wirt er von iren sünden
    hailen;
Wer jn wirt süchen, dem sein gnad
    mittailen.
24. Joseph vernam die götlich sach.
    [Bl. 14 b]
Vnbirdig er sich des gedacht;
Wan er was des nun alles vnderbeysset
Vnd in dem glauben wol vnd vest
    gespeyset.

24. Das sey dir lob vnd er gesaid.
    Got, heiligew driualtigkait!
    Verleich vns armen sündern dein ge-
        nade,
    Dar durch wir hie all vnser sünd ab-
        tragen!

26. Maria, himelkünigin.
    Des waren gotz geperin,
    Nun pis ermant des himelischen
        grüssen;
    Erbirb vns, das wir vnser sündt hie
        püessen!

Die Melodie ist ionisch. Der Text ist eine Ueberarbeitung des vorigen Rufes mit verändertem Metrum in den beiden letzten Verszeilen. Dieser Ruf wurde, da er keinen Refrain hat, so gesungen, dass ein Vorsänger von dem Texte jedesmal eine Zeile vorsang und das Volk diese wiederholte.

Die Singweise hat einige Anklänge an das spätere Lutherlied "Ein feste Burg" im ersten und dritten Satze.

X.
Von der gepurd christi, auch in diser weys.

1. Als got wolt mensch geparen werdn
    [Bl. 15 a]
    Vnd pey vns wanen hie auf erdn,
    Zw trost vns armen sundern vnd czw
        haile,
    In grosser lieb dy martter für vns leyden.
2. Dye czeyt Augustus kayser was,
    Vnd frid in allen landen gar,
    Pey dem nun christus wolt geparen
        werden.
    Den nun maria trueg, die junckfraw
        werde.
3. Der kayser pot vnd was pegern,
    Dye gantz welt sold beschriben werñ;
    Vnd alles volck sich in sein stat thät
        stellen,
    Vnd sich daselb ain yeder an verhellen.
4. Des nam jm auch da joseph war
    Mit seim gemähel maria.
    Von Nazareth gen bethlehem hinczihen.
    Dy czeyt was hie nicht lenger sich
        verczihen.
5. Joseph da vm dy herberg pat,
    Der wurden sye verczigen drat.
    Elentigklichen musten sie vmczihen,
    Vnder ainer schuppfen auf der gassen
        ligen.
6. Marie täg erfüllet warn,
    Das sy den hailer sold geperñ.
    Des man vor lange zeyt het zwgebarttet.
        [Bl. 15 b]
    Der wolt erschainen da, nach seinem
        wartte.
7. Als es hin kam zw mitter nacht,
    Maria da ir kind gepar.
    Vnd das geschach fürbar an allen
        schmerczen,
    Den sy getragen het vnder irem herczen.
8. Als wie dy sunn durchdringt das glas
    Vnd auch doch nicht verseret das:

In sölcher weys maria thet geperen
    Den sun gotz vnd ir kind, schöpffer
        vnd herren.
9. In mitt des gesangks der engelschar
    Maria da ir kind gepar.
    O got, was freyd vnd andacht da erschaine
    Pey disem kint vnd von der muter
        rainen!
10. Sy wickelt es in tüchelein
    Vnd naygt es in die krypp hin ein.
    Der schepfer was der himeln vnd der
        erden,
    Der wolt also für vns geparen werden.
11. Maria für dy krippen knyet
    Vnd pat für vns den schepfer schier.
    Der ochs vnd esl sich da theten naygen,
    Gen got vnd irem schöpfer sich ercząigen.
12. O mensch, nun merck die wunder hie!
        [Bl. 16 a]
    Nun merck die vnuernünftigen tyer,
    Dye da erkantten got vnd iren herren.
    Des scham dich, sünder, wo dw lebst
        auf erden!
13. 'Ich pit dich, herr got, sun vnd kind!'
    Sprach maria, dy künigin,
    'Durch den willen pist kummen her
        auf erden,
    Das die all durch dein güt pehalten
        werden.
14. Mer, got vnd sun, so pit ich dich,
    Wan aller ding ein herscher pist,
    Dw wellest kainen menschen nicht
        verczeihen,
    Pitt er vm notturft, jm das zw uerleichen.
15. Zwm dritten mal, so pit ich dich,
    Ain gegenburff aller säligkeit pist
    Vnd allen menschen gnad vnd lieb
        west geben,
    Dye sie da pringen zw dem ewigen
        leben.'

16. Maria da ir pet volpracht.
An czweyfl sy geweret ward.
Des frey dich, sünder hie, hab rew
auf erden.
So mügen dir dein sünt vergeben werden.

17. Am himel vnd auf ertterreich
Geschahen czaichen wunderleich;
Vnd auch der frid was gantz in allen
landen.
Die grossen sünder gåchling ab ver-
sancken.

18. Dye engl da nicht auspelibm, [Bl. 16 b]
Mit lobgesang sie nicht geschwign.
Sye lobten got vnd auch die muter rainen.
Das er sich mit der menschait het
verainet.

19. Dy nacht, als christus wart geparn,
Die hierten auf dem velde warn.
Die ires viechs mit huet da gunden
warten.
Den got auch sein gepurd wolt offen-
baren.

20. Der engl gottes pey jn staind,
Mit grosser klarheit sie vmschain.
Vor grossen forchten sye pegunden
schweigen,
Pys sye der engl trösst vnd vnderweyset.

21. Der engel sprach: 'nun fürcht euch nicht!
Gross freyd ich euch verkünden wil:
Wan hewt ist vns geparen auf dy erden
Christus, der hailer, got vnd vnser herre!'

22. Ain czaichen, des vernemmet mer,
In bethlehem ir vinden werdt:
Ain kind in tüchl eingebickelt sehet
Vnd das da in ein kryppen ein geleget!'

23. Zwhant ain grossew menig ward
Der himelischen ritterschaft:
'Nun lob vnd er sey got jm allerhöchsten
[Bl. 17 a]
Vnd frid den gutbilligen hie auf erden!'

24. Dye hierten wurden vnderbeyst
Vnd in dem glauben wolgespeist,
Wan sie die engel vnd die wunder sahen.
Dye hymelischen ritterschaft got loben.

25. Vnd ainer zw dem andern sprach:
'Nun eylen wir vnd sehen das!'
Gen bethlehem pegunden sie vast gahen,
Damit sye pald die wunder gottes sähen.

26. Sye kummen eylund an die stat.
Daran christus geparen wart.

Mariam vnd den joseph sye da sahen
Vnd auch das kind, das in der krypp
da lage.

27. Sye lobten got gar jnnigkleich.
Verkünten das gar freydenreich.
Zw irem viech sye wider gunden keren,
Wan sye die wunder hetten nun gesehen.

28. Sich freytten auch des kindeleins
Im himel, vorhell, ertterreich.
Die theten sich mit lob gen got erczaigen
Vnd sich mit grossen freyden gen jm
naigen.

29. Den vättern in der vorhell grunt [Bl. 17 b]
Den ward auch grosse freyd pekunt.
Wan durch ain liecht da wurden sie
erkennen,
Das ir erlöser in dy welt was kömmen.

30. Des ethlich pey fünf thausend iarn
Da in der vinster warten warn
Vnd auch zw got auf in die himel
schrieren,
Dye hoften da erledigt werden schiere.

31. Der achtist tag nun kommen was,
Das kind sein erstes plut vergoss.
Nach dem gesoczt pegunt man es pe-
schneyden;
Sein nam hies ihesus, der für vns wolt
leyden.

32. Der junckfrawn, mutern, künigin,
Der erst schmercz da ir hercz durch
gieng.
Mit sambt dem kind must sy den
schmerczen leiden,
Damit sy vnsern schmerczen hulff ver-
treyben.

33. Nun muter, junckfraw, künigin,
Dw edlew kindlpetterin!
Wir pitten dich aus jonigklichem
herczen,
Dw weltest von vns wenden allen
schmerczen.

34. O ihesu, heiligs kindelein!
Wir rüffen an den namen dein.
Von ganzem herczen, diemütigen siten.
[Bl. 18 a]
Durch deiner muter willen wir dich
pitten,

35. Das wir dich alczeyt loben hie
Vnd dort auch ewigklich pey dir.
Des hilff vns, ihesu, durch dein heiligen
namen!
Wer des pegert, der sprech mit andacht:
Amen.

XI.
Von den dreyen künigen, auch in diser weys.

1. Da got nun mensch geparen ward,
In orient man czaichen sach.
Ain newer steren sich da thet erczaigen,
Mit klarem schein von oben her sich
  naigen.
2. Des nummen jn drey künig war,
Mit grossen freyden sprachen da:
'Das ist der stern, der vns thuet pe-
  dewten;
Dem newen künig wir vns nun pe-
  raytten!'
3. Sye wurden des als ser erfreyd,
Das sye hetten gelebt die czeyt,
Das sye zw hoff dem künigk solten
  reyten.
Mit grossen freyden sie sich da perayten.
4. Sye schickten sich mit grosser gab·
    [Bl. 18 b]
Mit michelm volck vnd schöner wad;
Vnd west auch ainer nicht das von dem
  andern,
Ain yeder schickt sich allain vber lande.
5. Als yeder nun wegferttig ward,
Aim yeden leycht der steren var.
Mos, perg vnd tal wart jn da alls geleiche.
Nacht vnd auch tag der steren jn var
  leichtet.
6. Got fürt sye da in seiner pflicht.
Sye assen weder, trunken nicht.
Noch auch ir viech sye nicht pegunden
  speysen.
Got wunderlichen sye zw jm thet weysen.
7. Sye kummen für iherusalem,
Ain dicker nebl auf sye kam.
Der steren sich vor jn da het verpargen,
Des trawrten sie vnd wurden da jn
  sargen.
8. Da ainer nach dem andern kam.
Der nebl sich von dannen schwang.
Dy stat iherusalem sie vor jn sahen,
Da mainten sie, zw finden den geparen.
9. Sye sahen an einander an;
Ainer enpfieng den andern schan,
Wie wol sie nicht vor an einander
  kantten; [Bl. 19 a]
Wan sie warn ferr von dreyen frömden
  landen.
10. Ainer den andern fragen ward,
Warvmb er doch wär kummen dar,
Da merckten sie, das es da was ain sache.
Von grossen freyden da ir bercz gund
  lachen.

11. Sye czugen zw der stat hinein.
Der steren jn nicht mer erschain.
Das volck erschrack vnd nam des gar
  ser wunder,
Von wan sölch mächtig, gross volck her
  wär kummen.
12. Herodes auch erschrack* des ser;
Er fragt, von wan sie kämen her.
Sye fragten nach dem künigk new-
  geparen.
Des steren sie in orient da sahen.
13. Herodes des noch mer erschrack
Vnd nach dem stern er da fragt.
Zw welcher czeyt er jn doch wär er-
  schinen.
Sye gunden jm da alle ding erkünnen.
14. Sye fragten auch mer mit pegyer:
'Wo wand der juden künigk hie,
Den anzwpetten wir dan her sein
  kummen?'
Herodes schwayg; wan er nicht west
  dar vmmen.
15. Herodes zw jm fodern thet [Bl. 19 b]
Dye fürsten, priester, gschriftgelert.
Von jn er forscht, wo christus wurt
  geparen.
'Zw bethlehem'. pegunden sye jm sagen.
16. Als nun herodes das vernam,
Auf ihesum christum jm gram.
Haimlich zw jm hies er die künigk
  kummen;
Er rett mit jn aus falschem herczen
  grunde.
17. Er fragt sie vleissigklichen mer,
Wan jn der stern erschinen wär?
Wan er gedacht, ihesum, das kind, zw
  tötten;
Wie wol er sprach, er wolt [es] auch
  anpetten.
18. Vnd zw den künigen er da sprach:
'Czyecht hin jn bethlehem, die stat.
Gar vleissigklich thuet fragen nach
  dem kinde.
So ir das vintt, thuet mir auch das
  verkünden,
19. Vnd ich auch köm vnd pett es an!'
Des freyten sich die künigk gantz.
Sye schickten sich mer auf den weg
  mit freyden,
Der steren jn auch wider wart er-
  scheinen.

---
* H.: erschack.

20. Dye hiertten auf dem velde warn,
    Sye sahen da die grossen scharn
    Vnd auch den stern vor jn her erleichten.
    [Bl. 20 a]
    Sye hueben sich vnd jn engegen eylten.
21. Sye hueben an zw reden schier:
    'In sölcher klarheit sahen wir
    Ain liecht, dar jnn der engl vns ver-
    künnet,
    Wie das ain junckfraw het gepert ain
    kinde.'
22. Dye künigk wol erkanten das,
    Das es der juden künigk was.
    Die hirten sie noch weyter gunden
    fragen,
    Ja, wan vnd wo das wär geparen warden.
23. Dye hirten sprachen da pehend:
    'Nun ziecht hin ein gen bethlehem,
    Der juden künigk werdet ir da vinden.
    Die junckfraw mutern vnd pey ir das
    kinde!'
24. Mit freyden hörten sie die wart.
    Die hirten sie pegabten da
    Vnd richten sich da czw mit grossem
    vleyse
    In irew künigklichew klayder klayden.
25. Sye schickten sich mit allem vleys.
    Mit grosser gab vnd schöner weys
    Dem newen künigk da zw lob vnd ere;
    Wan sie erkanten, das kain grösser wäre.
26. Sye volgten mer dem steren nach
    [Bl. 20 b]
    Pys hin in bethlehem. dy stat.
    Das volck nam wunder, was da wolt
    geschehen,
    Wan sie sölch wunder vor nie heten
    gesehen.
27. Der steren weyst sie an die stat,
    Daran got mensch geparen wardt.
    Ob ainer schuppfen er da was peleiben,
    Dar vnder lag der schöpfer vnd der hailer.
28. Er tailt sich klar mit seinem schein
    Da halber in die höl hin ein.
    Sye sahen da die junckfrawn mit dem
    kinde
    Vor ainem esl vnd vor ainem rinde.
29. Sye sahen es in armut.
    Das edl kindlein nam für gut.
    Dye künigk gunden zw den schäczen
    eylen;
    Dem kindlein sie ir oppffer wolten
    raichen.
30. Sye giengen mit einander ein.
    Der steren da als klar erschain,
    Das sie vor forchten alles des vergassen
    Vnd westen nicht, was sie da solten
    fassen.
31. Von gottes wunder das geschach.
    Ain yeder nicht mer opffern ward,
    Dan in die hend jm was von ersten
    kummen: [Bl. 21 a]
    Gold, weyrach, myrn, thut geschrift
    verkünden.
32. In wardt zw opffern also gach;
    Mit grosser andacht das geschach.
    Ir hercz jn jnbenigklichen thet prinnen.
    Die guad sie heten von dem newen kinde.
33. Dye muter, junckfraw, künigin,
    Sasz pey der kryppen mit dem kind.
    Sein hewplein mit der hant jm gund
    erhaben:
    'Dye künigk kummen da mit iren
    gaben!'
34. Sye sahen da die wunder an
    Vnd kusten vor die erden schan.
    Der junckfrawn auf dy schoss ir opffer
    legten:
    'Got gnad euch!' naygund sy zw jn
    gund sprechen.
35. Als nun das alles ward volpracht,
    Dar durch sye ausgeczogen warn,
    Den tag zw bethlehem sie gunden pe-
    leiben
    Vnd lobten da das kind mit grossen
    freyden.
36. Als sie got vor het das geweyst
    An hunger, durst, an alle speys,
    Hirfüran nun die speys sie musten
    nemmen,
    Dapey sie gottes wunder warn er-
    kennen.
37. Sye sagten auch da offenbar, [Bl. 21 b]
    Warum sie wären kummen dar;
    Auch wie sie het der stern dar geweyset,
    Verküntten sie dem volck mit ganczem
    vleysr.
38. Sye schickten sich hinbider haim;
    Der steren jn nicht mer erschain.
    Was sie got zw jm fürt in dreyczehen
    tagen,
    Des musten sie czway iar hinbider
    haben.
39. Ain antburt jn jm schlaff erschain,
    Ayun andern weg sie czügen haim,
    Vnd zw herodes sie nicht solten keren;
    Wan er gedächt, ihesum, das kind, zw
    stören.
40. Mit freyden schieden sie von dann
    Vnd grosser arbait durch die land.
    Wo sie durch czugen, theten sie ver-
    künden
    Dye wunder gotz, warumb sie aus
    wärn kummen.
41. Herodes da petrogen ward.
    Dem kindlein ihesu trueg er hass.
    In grossem neyd macht er sein nicht
    vergessen,
    Er hiet dan jm genummen hin sein leben.

42. Vnd in der czeyt da schickt sich das,
    Zw ram der kayser sein pedarft.
    Er schraib jm zw, in kürcz vor jm er-
        cheinen. [Bl. 22 a]
    Herodes da czway jar must auspeleyben.
43. Maria da die vierczigk tag
    Ihesu, irs kindleins, jnnen lag
    Vnd auch an diser stat was stät peleyben
    Vnd pey der kryppen da ir kindlein
        sewgen.
44. Ain yeder mensch sol mercken das,
    Nicht das sy des notturftig was,
    Wan sy gepar ihesum an allen
        schmerczen.
    Dar vm ein yeder mensch lassz da sein
        scherczen.
45. Wan maria, dy junckfraw rain,
    Dem gseez wolt vndertänig sein,
    Vnd das geseez sy auch da wolt vol-
        pringen
    Dy schon, rain, edl kindelpetterinne.
46. Als nun die täg erfüllet warn,
    Das kind man solt in tempel tragö,
    Hin gen iherusalem sie ihesum truegen
    Vnd dem geseez auch da geschäch ge-
        nuege.
47. Man opffert mit dem kindelein
    Czway jungew turtltewbelein.
    Damit mit andacht in den templ kummen.
    Das Symeon het vor jm geist vernummen;
48. Wan er was greeht vnd auch got forcht.
        [Bl. 22 b]
    Der heilig geist jn jm das warcht,
    Das er nit säch den tod ee hie auf erden,
    Er säch dan vor ihesum christum, den
        berren.
49. Da nun das kind jn tempel kam,
    Her Symeon das zw jm nam.
    Mit grossen freyden gund er es enpfahen
    Vnd auch mit andacht in den armen
        haben.
50. Er sach auch da dy muter an
    Vnd gab ir auch das zwuerstan.
    Wie das ain schwert ir hercz wurd hertt
        durchdringen,
    Vnd des erschrack dy schön, rain
        küniginne.
51. Als nun die ding volendet warn,
    Dye zw den dingen da gehortñ,
    Maria ihesum wider zw ir name
    Vnd mit jm hin gen Nazareth da kame.
52. Maria anderthalbes iar
    Mit irem kind da wanen war.
    Mit vleys vnd grossen freyden sein thet
        pflegen
    Mit waschen, paden, sewgen vnd mit
        legen.

* H.: allenthaben.

53. O. wer kan doch gedencken da,
    Wie maria des kindleins pflag
    Mit schmucken, trucken, grosser lieb
        ansehen! [Bl. 23 a]
    Das kainer muter nymmer wirt ge-
        schehen.
54. Maria auch da nyemantz wolt,
    Der das für sy ausrichten sold.
    Sy thet es selb so gar mit grossen freyden,
    Das nyemantz kan noch mag dauon
        geschreiben.
55. Herodes nicht des kintz vergas.
    Als er von ram nun kummen was,
    Mit grossem vleys pegund er nach jm
        fragen;
    Wan er gedacht, wie er es wolt er-
        schlagen.
56. Der engl gotz joseph erschain:
    'Nun nym das kind vnd muter sein,
    Zeuch in egipten, pys ich dir verkünde;
    Herodes sücht zw tötten hie das kinde!'
57. Joseph der hueb sich auf zwhant;
    Und esoch hin in egippen land.
    Da syben iar pegunden sie peleiben.
    Pys jn der engl wider ward erscheinen.
58. Da ihesus in egipten kam,
    Die abgötter viellen ab zwhant:
    Wan er was da, der angepet sold werden,
    Warr got vnd mensch vnd aller ding
        ain herre.
59. Herodes in jmselb ergrumbt. Bl. 23 b]
    Das er das kind nicht vinden kunt;
    Wan er jm forcht, er wurd von jm
        vertriben,
    Darumb er ye vermaint dem obzeligen.
60. Er lies tötten in bethlehem
    Vnd allenthalben* vm die end
    Alle die kind, die pey czwain jaren
        warden,
    Dar vnder vnd in mitt geparen waren.
61. Er lies die süchen gantz mit vleys.
    Sein grosser neyd jn dar zw weyst;
    Er maint. er hiet ihesum das kind ge-
        funden.
    Da het vor ee joseph jm den genummen.
62. Dye klag der müter was da gros;
    Das plut der kind ir schossz pegas.
    Sye tötten jn die kind an iren armen.
    Das elend wesen macht wol got er-
        parmen.
63. Der kindlein in der czale warn
    Ir hundert thausend, vnd auch warn
    Mer vier vnd vierczig thausend wurden
        getöttet,
    Von iren müterñ jämerlich genöttet.

— 16 —

64. Als nun der wüttrich das volpracht.
Vmb ihesus willen das geschach.
[Bl. 24a]
Der sie pehielt pys in das ewig leben:
Nach seinem leyden jn das ward ge-
geben.

65. Herodes auch ain ende nam.
Pey dem dan alle poshait want.
In neyd vnd pittrigkeit pegund er
sterben
Und in der hell nun ewigklich ver-
derben.

XII.

Item ainen rueff von dem gantzen leyden christi, mitlauffund die schmerczen marie. Auch von anfang mit der figur Abrahams.

O heylige driualtigkait. [Bl. 24 b]

a.

O hey-li-ge dri-ual-tig-kait, Ain wa-rer got vnd vn-ge-

Die Melodie ist dorisch.

taylt. ky-ri-e-ley - son.

Item hie sullen mercken die kirchfertter: Sich hütten, wo sie künnen vnd mügen vor vnnuczen, eytelen, scha[dcha]ftigen worten vnd wercken . . . . . . ergeez-lichkait sol sein, allain . . . . . . oder gut czw lob sölch rüff oder sünst schönew geistlichew lied singen, die den menschen möchten rayczen czw andacht vnd zw pesserung ires lebens.

Vnd zwmal so sie verr auscczugen, die da künten lesen, solche püchel mit jn füren vnd den andern vorsingen oder lesen. Sölch kirchferter möchten von got durch das verdienen der heiligen wol ethwas erberben etc.

[Bl. 25 a] Item die da vorsingen, als oft sie ainen ruff oder ain stückel des leyden christi haben ausgesungen, das volck vermanen, zw sprechen ainen pater noster derselben mainung.

O heyligew driualtigkait.

b.

O hey-li-gew dri-ual-tig-kait, ky-ry - e - ley - son,

Ain wa-rer got vnd vn-ge-tailt. kri-ste - ley - son.

Item ainer mag jm in dem ruff ain stückel für nemmen, welches er wil. Es wär dan der weg als verr, so heb er es vor an pys an das end.

Die Melodie ist dorisch mit äolischem Schluss. Wenn man dieselbe eine Terz tiefer setzt und 7 vorzeichnet, hat man die Singweise des Liedes Ib.

Von dem leyden christi. Bl. 25 b]

1. O Heilgew driualtigkait,
ain warer got in ewigkait!
2. Got vater, sun, heiliger geist,
den weg auf zw dir dw vns weys!
3. Thue vns erhören, deinew kind,
dye jm dem iamertal hie sind.
4. Das wir dich alczeyt loben hie
vnd dort auch ewigklich pey dir!

5. Das leyden christi hebt sich an
durch ain figur mit abraham.
6. Vnd abraham het ainen sun,
der was jm lieb vnd vnderthan.
7. Damit versucht got abraham,
er rüft jm, vnd er sprach zwhant:
8. 'Herr ich pin hie, was sol ich thain?'
got sagt jm da die mainung sein:
9. 'Nym hin deinn aingeparnen sun
jsaak, den dw liebest nun,
10. Vnd opffer den, als ich dich haiss,
auf ainem perg, den ich dir czaig!'
11. Als abraham nun das vernam,
den seinen sun er zw jm nam.
12. Zwen seiner knecht auch zw jm nam
vnd mit dem sun czoch er hin dan.
13. Zw seinen knechten er da sprach:
'nun peytet hie vnd warttet da,
14. Wan ich wil gen mit meinem kind;
got petten an vnd wider küm.' [Bl. 26a]
15. Vnd abraham da pald zwhaut
ain purd des holcz zwsamen pant
16. Vnd das dem seinen sun aufhueb,
der sun das zw dem opffer trueg.
17. Da sie nun kummen an dy stat,
ain altar da perayttet ward.

18. Das holcz der vater dar auf legt,
das fewr vnd schwert in den henden hebt.
19. Der sun den vater da ansach,
dienmütigklichen zw jm sprach:
20. 'Siech, vater, nun das fewr vnd holcz!
wo ist das opffer das reuchen sold?'
21. 'Mein lieber sun,' der vater sprach,
'got wirt jm wol versehen das!'
22. Dem sun nicht vbersehen wolt,
er wolt jn tötten, opffern got.
23. Der sun jm des gehorsam was
vnd schweygund* leyden wolt den tod.
24. Der vater seinen sun da nam
vnd in da pald zwsamen paudt.
25. Er legt jn auf das holcz hinauff
vnd czuckt das schwert, dy hant hub auf.
26. Er wolt jn tötten got zwlob
der engl kam vnd wert jm das:
27. 'Nicht streck dein hant auf deinen sun,
wan got hat dich versuchet nun!'
28. Den engel abraham vernam [Bl. 26 b]
vnd sach hin vm, da pald zwhant
29. In ainer hecken hangen sach
aynn wider, den er loset ab.
30. Ffür seinen sun er jn verprant
vnd sagt da got, dem vatern, danck.
31. Vnd dy figur pedewtet nun
den vater got, mit seinem sun.
32. Dem er nicht vbersehen wolt,
allein das män jn tötten sold.
33. Dar vmb der vater streckt sein hant
vnd auf den sun die marter pant.
34. Das schwert des ernst czoch vber jn
der sun der led das willigklich.
35. Des sagen wir dir lob vnd er,
got, schöpffer himels vnd der erd!

XIII.
Von dem leyden christi.

1. Der alle ding peschaffen hat,
verleich vns allen sein genad!
2. Das wir jn loben ewigkleich
hie vnd auch dort in seinem reich.
3. Ihesum christum pegeren wir,
des leiden wir petrachten hie.

4. Als der nun dreyssigk iar alt ward,
vil wunderczaichen er volpracht.
5. Von flieber, petrys, wassersucht
macht er vil menschen hie gesunt.
6. Vnd der auch plint geparen ward. [Bl. 27a]
dem er das klar gesicht auch gab.

* H: schweyuund.

7. Vnd von den menschen er ausztrayb
   die pösen geist an alles mail.
8. Von fünff prötern auch speysen ward
   fünf thawsendt man, jm volgten nach.
9. Dye totten er kückt von dem tod,
   die ausmerckigen raine macht.
10. Vil ander czaichen auch volpracht,
    da von die heilig gschrift auch sagt.
11. Des nummen jn die juden war,
    jn neyd vnd has jm stelten nach.
12. Sein ler sie jm verachten gar.
    sein heiligs leben jn verschmacht.
13. Sye sambten auf jn ainen rat,
    wan er der czaichen vil volpracht.
14. Dye pischölff, gleichsner, gschrift-
    gelertn,
    wie sie den herren möchten töttn.
15. Sye sprachen vnder ainander da:
    'nicht an dem hoehczeitlichen tag,
16. Das jn dem volck kain auflauf werd.
    vnd von den römern vertriben wern!'
17. Cayphas, ainer ausz jn, sprach:
    'jr wist nit, was ir thuet noch macht;
18. Wan pesser ist doch, ainer sterb.
    dan alles volck nun sold verderbñ!'
19. Das weyssagt er auf disen syn:
    wan liessen sie den herren hin.
    [Bl. 27 b]
20. Zw jm sich alles volck wurd kern.
    dar vmb riet er den tod dem herrn.
21. Dye weyssagung dar vm geschach,
    das er für vns hie lidt den tod.
22. Von disem tag gedachten sie,
    wie sie doch funden ainen syn,
23. Das sye den herren vbermächtñ
    vnd jn von seinem leben prächtñ.
24. Wan er jn oft engangen was;
    darumb pesargten sie noch das.

25. Dye weyl die juden schluegen rat,
    gyeng ihesus gen Bethania.
26. Daselb er dan geladen was
    von Symon, den er rain het gmacht.
27. Als ihesus nun zw tische sas,
    mit seinen lieben jungern ssz.
28. Maria magdalena het perayt
    ain edlew salben in der czeyt.
29. Damit sy zw dem herren trat,
    die salben auf sein hawpe gas.
30. Als das der geittig judas sach.
    jn grossem neyd er also sprach:
31. 'O, was sol da hie dy verlust.
    das die vergossen wirt vm sunst!
32. Drey hundert pfenning was dy wert;
    den armen das gegeben het!'
33. Nicht von der armen rett er das, [Bl. 28a]
    wan [er] ain dieb mit säcklein was
34. Vnd auch des herren schaffer was.
    den czehenden pfenning trueg er ab.
35. Dar vm trueg er dem herren has,
    wan dreyssick pfenning giengen jm ab.
36. Dar vm er tag vnd nacht gedacht,
    wie er des gelcz ein kummen mächt.
37. Haimleich er zw den juden gie
    vnd vm das gelt den herrn verriet.
38. Der herr ir mürmeln da erkant.
39. 'Was seyt ir laydsam diser hie?
    ain gut werck hat volpracht an mir,
40. Wan dy mich hie gesalbet hat
    jn meiner pegrebnüsz hat volpracht.
41. Dye armen pey euch haben wert,
    mich aber nicht wert haben wern!'
42. O ihesu christe, güttigs lamp,
    nymb dir zwlob von vns das gsanck!
43. Vor judas vntrew vns pehüt!
    des pitten wir dich durch dein güt.

XIV.
Wye er einrayt an dem palmtag.

1. HErr. deiner hilf pegeren wir. [Bl. 28 b]
   das wir dich loben mit pegier.
2. Nun es geschach am palmtag
   dy czeyt des herren nahant was.
3. Ihesus erczaigt sich wie ain herr,
   ain künig himels vnd der erd.
4. Er schickt czwen seiner jungern hin
   jn ain castel, was wider sie.
5. Er sprach: 'da wert ir vinden wern
   ain eslin, vnd dy pringt mir her!
6. Ob euch da yemautz fragen würd,
   dem sprecht, das sein der herr pedürff!'
7. Dye jungern theten, als er schueff,
   vnd fürten dy dem herren zwe.
8. Sye legten irew klayd dar auf
   vnd seczten da den herren auf.
9. Er rayt ain zw iberusalem
   diemütigklichen vnd gar senft.
10. Sein jungern mit jm giengen nach.
    da ward die weissagung volpracht,
11. Dye czacharias het verkünt:
    'dein künig dir senftmütig kümbt!'
12. Als nun das volck vernummen het,
    das ihesus christus rayt da her,
13. Sye gunden sich perayten auf
    vnd liessen jm engegen ausz.
14. Sye puten jm da grossew er
    als ainem künig himels vnd erd. [Bl. 29a]

15. Vnd ethlich czugen klayder ab
    vnd strätten für den herren das.
16. Ethlich die prachen cest herab
    vnd strätten die dem herren vor.
17. Dye kinder vnd auch ander schar
    die giengen schreyund vor vnd nach:
18. 'Nun lob vnd er sey dir gesait,
    ain sun dauitz in ewigkait.
19. Gebenedeyt seystu nun der,
    der dw zw vns pist kummen her!'
20. Ihesus der rayt dem tempel zwe,
    dar ausz er dan die juden schlueg:
21. Wan sye verkauften, kauften da
    die rinder, tawben vnd auch schaff.
22. Der herr ihesus von stricken nam,
    ain gaysl er zwsamen pant.
23. Gar ernstlich er sich jn erzaigt
    vnd sie da aus dem tempel traib.
24. Dye tisch der wegsler vmebarff
    vnd zw den tewblern er da sprach:
25. 'Tragt hin die ausz meins vaters haws,
    nit macht ein höl der gwerb dar aus!'
26. Vnd zw dem herren sprachen sie:
    'in was czaichen thust vns das hie?'
27. Er sprach: 'ledigt den tempel hie,
    am dritten tag jn erkücken wird!'
28. Dye red den juden hart verschmacht,
    [Bl. 29 b]
    wan sie jm truegen grossen has.
29. Sye retten da dem herren zwe
    ausz grossem grim vnd vngefueg:
30. 'In sex vnd vierczick iarn hartt
    wart diser tempel aufgemacht,
31. Vnd dw wild jn in dreyen tagn
    erkücken wider, wie als varn?'
32. Dye juden des verstueenden nicht,
    das er das het gerett auf sich.
33. Als er erstaind am dritten tag,
    erfüllet wurden disew wart.
34. Der herr da an czwlernen hueb,
    vnd das gemain volck hört jm zwe.

35. Als nun der herr sein ler volpracht.
    die herberg jm versaget ward.
36. Vnd vngespeist must ausz der stat
    des nachtes gen bethania.
37. Des margens an dem mantag früe
    gieng er dem tempel wider zwe.
38. Dye gschriftgelertten hörten das,
    das er mer in dem tempel was.
39. Sye fürten da dem herren her
    ain frawn, czerprochen het ir ee.
40. Sye sprachen: 'maister, siech dy an,
    die ainen spruch hat gethan,
41. Nach dem gesetzt verstaind sold werñ!
    was sprichstu dar zw, lass vns hörñ!'
    [Bl. 30 a]
42. Der herr sich auf die erden naigt,
    mit ainem finger dar ein schrayb.
43. Er sprach: 'nun wer an sünt da ist,
    der werff den ersten stain an sy!'
44. Ainer den andern da ansach,
    ir kainer nicht ain wärtlein sprach.
45. Ain yeder da sein sünd erkant.
    mit schanden schieden sie von dann.
46. Allain die fraw pelayb da hie.
    der herr sprach gutigklich zw ir:
47. 'Wo sind, die dich verdampnet habñ?'
    dy fraw dauon nicht west zw sagñ.
48. 'Oder hat dich nyembt verdampnet hie?'
    'herr, nyemantz!' sprach dy fraw zw jm.
49. 'Noch ich dich nit verdampnen wil,
    ge hin vnd sünd hinfür mer nicht!'
50. Der herr gieng wider ausz der stat,
    hin gen bethania kam er spat.
51. Vnd an dem erichtag wider frue
    gie er dem tempel wider zwe.
52. Vnd predigt da den ganczen tag,
    pys in dy nacht er müde ward.
53. Vnd gen bethania wider gieng,
    da er dan erst sein speys enplieng.
54. Das sey nun lob vnd er gesagt,
    der für vns leyden wolt den tod.

XV.

Von dem schmerczen marie czw bethania. [Bl. 30 b]

1. Nvn süllen wir petrachten mer
   den schmerczen. den maria led.
2. Als ir sun zw iberusalem was,
   an schmerczen sy sein nye vergas.
3. Wan sy nun west die kurczen czeyt,
   jn der er noch pey ir wurd sein,
4. Vnd ir dar nach genummen würd,
   gemartert zw dem tod gefüert.
5. Am erichtag, verr hin in die nacht,
   cham er erst gen bethania.
6. Als er dy trawrig muter sach,
   von seinem leyden er ir sagt

7. Vnd sy gar lieblich trösten thet,
   sein leyden durch figur auslegt.
8. Er tröst sy mer vnd zw ir sprach:
   'pey euch peleib ich hewt den tag!'
9. Vnd das, was an dem mitwochen
   der herr zwlecz pey jn wolt sein,
10. Vnd seiner muter offenbart
    sein grosse marter vnd den tad.
11. Als nun maria das vernam,
    das schwert des schmerczen durch sy
    drang.
12. In müterlicher trew vnd lieb
    hueb sy an, pat den herren schier:

2*

13. 'Nun allerliebster sun der mein,
    such doch ain mitl deiner pein! [Bl. 31a].
14. Ich sprich: ain plutztropf* ist genueg,
    das menschlich geschlächt erlösen thut!
15. Nicht gib dich, sun, in sölchew not,
    in so vil leyden, schmähen tod!'
16. Dem sun die muter anelag,
    so strengicklich ermanen ward.
17. Das ir der herr must anthwurt gebm̄,
    sein leyden durch die gschrift auslegn:
18. 'Ja, süsse muter, pillich wür,
    das ich dich da erhören thät.
19. So hat der vater ausgestregt
    sein hant auf mich, das schwert erhebt.
20. Sein wil ist, ich mich opffern sol,
    die marter leyden vnd den tod.
21. Dar vm. dw süsse muter mein:
    der will des vaters, der sol sein!
22. Wan menschlich gschlächt erlost sol
    wern
    durch sölche marter hie auf erdn.'
23. Als nun maria das vernam,
    der will so streng vom vater käm.
24. Dar wider sy nicht reden macht,
    ir hercz mit layd vmgeben ward.
25. Das himlisch gespräch also geschach
    am mitboch zw bethania.
26. Des schmerzen wir ermanen dich,
    maria, vnser nicht vergys!

XVI.

Wie die juden an dem mitboch [Bl. 31 b] des herren piten gen iherusalem.

1. Dye juden zw iherusalem
   die piten, wan der herr mer käm.
2. Vnd da der herr als pald nicht kam,
   pesargten sie, er wich von dann.
3. Sye lieffen pald in ainen rat,
   das er jn nicht entrinnen möcht.
4. Des nam jm auch der judas war,
   wie das sy schlüegen haimlich rät.
5. Er lieff zw jn vnd also sprach:
   'ich ways wol, was ir yezo macht!
6. Was gebt ir mir? ich gib euch schier
   den menschen hie an all eur müe.'
7. Der red wurden die fürsten fro
   vnd globten jm da an der stat:
8. 'Nun dreissick pfenning geben wir
   vmb disen menschen; thue das schier!'
9. 'Ich nymb die ein,' sprach er pehend,
   'vnd gib euch disen in eur hend
10. Vnd noch, ir herren, mich mer hört!
    enget er euch dar vber mer,
11. Des wil ich vnengolten han,
    mein gelt peleibet mir füran.'
12. Am mitboch diser kawff geschach.
    judas kam gen bethania. [Bl. 32a]
13. Als jn maria da ersach,
    gar schön sy jn enpfieng vnd sprach:
14. 'Pys willigkum, dw frewnt der mein!
    wie stet es vm den sune mein?'
15. 'Ffraw! wol stet [es] vm deinen sun!'
    sprach er aus falschem herczen grunt.
16. 'Nun lass dir jn pefolhen sein
    vnd pey den fürsten ste jm pey!'
17. Wan er den fürsten was erkant.
    maria enpfalch dem wolff das lamp.
18. Vnd das geschach zw bethania.
    ain nachtmal da perayttet ward.
19. Der herr seczt judam an den tisch
    zw seiner muter liebplichen.
20. O ain vnsälges mit was.
    das czwischen irer payder sas!
21. Der von der muter nam den sun,
    erczaigt sich fälschlich schan vnd frum.
22. Als nun das nachtmal ward volpracht,
    der herr von seinem leyden sagt
23. Vnd jn gar ernstlich da verpot.
    vnd jm nicht solten volgen nach.
24. Als nun maria das vernam,
    das schwert des schmerczens zw ir drang.
25. Mit haissen czächer zw jm gieng
    vnd jn czw piten mer aufieng:
26. 'Siech an, mein allerliebster sun,
    [Bl. 32 b]
    mein sel pys in den tod verbunt!
27. Erhör doch, sun, mein leczt gepet,
    so dw ye in den tod wild gen!
28. Lass mich doch vor dir sterben ee,
    damit ich nit dein marter sech!'
29. 'Mein süssew muter, nymb für dich,
    das wär vnpillich sicherlich.
30. Das ich dich nun der vorhell gäb;
    wan nyemantz* in den himel mag.
31. Dar vm siech vor mein sterben an,
    so wirt der himel aufgetan.
32. So kumm ich dar nach schier nach dir,
    mit freyden dich enpfach zw mir!'
33. Maria für den sun da viel;
    die haissen czäher vor ir wielgn.
34. Den schmerczen vnd ir grosse klag
    der herr nicht angesehen macht.
35. Mit mitleyden er von ir schied
    vnd gen iherusalem hin gie.

---
* H.: plutztopf.

* H.: nyenantz.

36. Das was nun an dem antlostag,
    das er sich in das leiden gab.
37. Maria da peleiben was,
    vil haysser czäher sy vergas.
38. Nun muter, himelkünigin,
    dw vnser trewe helfferin,
39. Des schmerczens dich ermanen wir,
    als sich dein sun hie von dir schied.
    [Bl. 33 a]
40. In vnsern nöten ste vns pey,
    so sich dy sel schaid von dem leib!

XVII.
Das abendessen.

1. Des ersten tags der hohen czeyt
   der ewangelist lucas schreibt:
2. Als man die osterlichen speys
   sold essen, als die gschrift ausweyst,
3. Der herr zw seinen jungern sprach:
   get hin, das osterlamp vns macht!'
4. 'Herr, wo wildw, das wir das thainn?'
   er sprach: 'get in dy stat hinein!
5. Ain mensch ain läglein tragen wirt;
   wo der einget, dem volgt auch ir.
6. Ain mushaws wirt euch da geweyst;
   jn dem perayt vns disew speys!'
7. Dye jungern theten, als er schueff,
   das abentessen richten zwe.
8. Der herr mit seinen jungern kam,
   zw tisch mit jn seczt er sich schan.
9. 'Gancz mit pegier', sprach da der herr,
   'hab ich dye speys mit euch pegert.
10. Ffürbar, sag ich euch, hinfür mer
    wird ich mit euch nicht essen mer!'
11. Wan es dy czeyt nun kommen was,
    jn der er leyden sold den tod.
12. Das abentessen ward volend. [Bl. 33 b]
    der alten ee gab er da end.
13. Er gieng mit jn vom tisch hin dan,
    die newen ee hueb er da an.
14. Ain leinein tuch er vm sich schwieff
    vnd wasser in ain peck einlies.
15. Der aller ding da was ain herr,
    knyet für die jungern auf die erd.
16. Ainer sach da den andern an,
    was doch der herr mit jn wolt thuen.
17. Der diemütig herr, mild vnd süess,
    den jungern allen wusch die füess.
18. Am judas er von erst an hueb,
    die andern sahen jm da czue.
19. Sye forchten jn vnd schambten sich,
    das da ir maister knyet vor jn.
20. Der herr czw petro kam herfür,
    er sprach: 'herr wäscht dw mir mein
    füess?'
21. 'Das ich da thue, waist yeczo nicht,
    her nach wirst dw sein vnderricht!'
22. Petrus sprach czw dem herren mer:
    'mein füess wäscht dw mir nymmer-
    mer!'
23. 'Ist das ich dich nit waschen pin,
    kaynn tail mit mir nicht haben pist!'
24. Petrus schray da auf vberlaut:
    'herr, füess vnd hend vnd auch das
    haub!'
25. 'Wer rain ist der pedarf nicht mer;
    nur jm die füess gewaschen werdn!
    [Bl. 34 a]
26. Wan ir seyt rain vnd doch nicht all!'
    die red in jn trawrig erhall.
27. Wan er west den verrätter wol,
    der jn wurd geben in den tod.
28. Das sey nun lob vnd er gesayt,
    herr, deiner grossen diemütigkait.
29. Vnd pitten dich vm dein genad,
    das wir dir hie auch volgen nach;
30. Wan an dich hie verderben wir,
    hilf vns jm iamertal zw dir!

XVIII.
Als nun der herr den jungeren het dye füssz gewaschen.

1. Als nun der herr gewaschen het
   die füess den jungern wie ain knecht,
2. Zw tisch mit jn seczt er sich mer,
   mit schoner red, vil guter ler
3. Dy newen ee hueb er da an,
   das prot er in die hendt da nam,
4. Auf in die himel er da sach
   vnd danckperkait dem vater sagt.
5. Vnd in den henden hielt das prot,
   den segen er dar vber gab.
6. Er prach es vnd den jungern gab,
   in grosser lieb er also sprach:
7. 'Nembt hin vnd newst das all gemain:
   das ist der war franleichnam mein,
8. Der für euch in den tod wirt gebn!'
   [Bl. 34 b]
   die jungern merckten das gar ebn.

9. Den kelch er in die hend auch nam
    vnd sagt mer got. dem vatern, danck.
10. Den segen auch dar über gab
    vnd jn den seinen jungern pot.
11. Er gab jn auch das zw uersten
    vnd sprach: 'nun trincket all ausz dem.
12. Wan dar jnn ist warlich mein plut,
    das da für euch vergossen wirt!'
13. Den judas auch da speysen was,
    der da von nur ye pöser ward.
14. Dauon der herr petrüebet ward,
    czw seinen jungern also sprach:
15. 'Ainer aus euch, sag ich fürbar,
    des menschen kind verratten hat;
16. Vnd den wirt geben in den tod.
    als dan von jm geschriben stat.
17. Wee aber dem! vnd pesser wär,
    das er nye her geporen wär!'
18. Dye jungern des erschrocken ser
    vnd da gedachten, wer der wär.
19. Ainer den andern da ansach.
    das merckt der herr vnd zw jn sprach:
20. 'Der mit mir greyffet in den napff,
    der ist, der mich verratten hat!'
21. Petrus johanni wincken ward,
    das er den herren fragen thät. [Bl. 35a]
22. Als sich johannes czw jm naigt
    vnd auf sein seyten het gelayd.
23. Der herr sagt jm das, also sprach:
    'dem ich gib das geduncket prot!'
24. Ain prot er nam da in die haut
    vnd in ain salsen er das dunckt.
25. Er gab dem judas das vnd sprach:
    'was dw wild thuen. das thue nun pald!'
26. Dye jungern des verstainten nicht
    vnd mainten, er wurd ausgesickt.
27. Als judas nun vermercket das,
    das sein verrättrey offen was,
29. Auff an dem tisch mit vnmut prach,
    gedacht, wie er sich rechen mächt.
29. Vnd eylund zw den juden kam;
    sein herez in neyd vnd vnmuet pran.
30. Er macht aynn pslus in diser nacht.
    wie er jn den dar geben mächt.
31. Als judas nun von dannen kam,
    da hueb der herr ezw lernen an.
32. Er sprach: 'es ist ain klaine czeyt,
    jn der ich noch pey euch wird sein.
33. Ain newsz gepot gib ich euch hie,
    das ir habt an einander lieb.
34. Ich sag euch aber, es geschiecht.
    das ir all flüchtig werd an mir.
35. Wan das von mir geschriben stet.
    [Bl. 35 b]
    das musz also erfüllet werń.
36. Den hierten ich wird schlahen werń,
    dye schaff der hertt czersträet werdń.'
37. Petrus dem herren antburt gab,
    aus hiezigem hereczen also sprach:
38. 'Ist das sie all geergert werń,
    so wird doch ich nicht von dir kerń;
39. Wan ich dar zw perayttet pin,
    herr, mit dir in den tod zw gen.'
40. Jhesus gar güttiglichen sprach:
    'fürbar, fürbar, ich dir das sag,
41. Ee das der han heind kräen ist,
    drey mal dw mein verlaugnen pist!'
42. Petrus sprach: 'herr, mit nichtew nicht,
    ee musz ich mit dir sterben hin!'
43. Das sprachen auch die andern all,
    jr kainer wolt von jm nicht valn.
44. Vil schöner ler er jn vorsagt.
    verczoch das mit jn in die nacht.
45. Des pys ermant, herr, durch dein güt!
    jn vestem glauben vns pehüet.
46. Das wir nicht von dir vallen ab!
    vor judas vntrew vns pebar!
47. Dein warer leichnam, heilig plut
    das mach vns vnser ende gut!

XIX.
Wye er an den ölpergk gieng.

1. Nvn rüffen wir den herren an. [Bl. 36a]
   als er wolt an den ölperck gan.
2. Er gie aus von iherusalem,
   sein aindleff jungern mit jm nam.
3. Er gie mit jn vbr ainen pach.
   der seinen marter er gedacht.
4. Vor grossen angsten er sich labt,
   als dauid in dem psalter sagt.
5. Er gie da in den garten ein,
   den menschen wolt er süchen haim.
6. Sein jungern er da trösten was,
   frewntlichen also zw jn sprach:
7. 'Nun siczet hie vnd pettet all.
   das ir nicht in versuchung vald!'
8. Vnd von den andern zw jm nam
   petrum, johannem, jacobum.
9. Er fürt die drey mit jm her dan,
   als verr er sie macht sehen an.
10. Der herr vor seinen jungern staind.
    sein pittrew marter pild er ein.
11. Mit kreften er erezittern ward,
    jn grossen angsten zu jn sprach:
12. 'Ir allerliebsten frewt die mein.
    seyt starck vnd tröst euch hie allain!

13. Mein sel petrüebt ist in den tod.'
    die jungern des erschracken hart,
14. Vor grossem layd erstumbten da,
    jr kainer nicht ain würtlein sprach.
    [Bl. 36 b]
15. Vnd hueben pitterlichen an
    czw bainen vnd czw mitleyden han.
16. Der herr gie von jn also verr,
    als ainer mit aim stain möcht werffn.
17. Vnd krewczling auf die erden viel,
    stuend wider auf seinew knye.
18. Der seinen marter er gedacht,
    das jm die wurd als streng vnd
    scharff.
19. Dar vm jm aller seiner leyb
    ward tünsten, czittern herttigkleich.
20. Vnd in der grossen pittrigkait
    pegund er schwiczen pluting schways.
21. An seinem leichnam nichts nit was,
    es wär von pluting schways doch nass.
22. In sölcher not vnd angstgedrang
    rüft er den seinen vater an.
23. Er pat jn, ob es möcht gesein,
    ob er der marter möcht vber gesein.
24. Den iamer vnd die kläglich not
    dem vater ser erparmen ward.
25. Er sand jm ainen engel dar,
    der jn da tröst vnd stercken was.
26. O cristen mensch, gedenck dar an,
    last dir dy angst zw herczen gan!
27. Sicch an den herren, wie jm was,
    da er sein plut für dich vergas!

XX.
Wie er czw seinen jungern gieng.

1. Da er sein pet nun het volpracht,
   [Bl. 37a]
   czw seinen jungern wider sach.
2. Vor trawrigkait sie schlaff und vand.
   er weckt sie auf vnd sie vermant.
3. Von erst zw petro also sprach:
   'Symon, wie nun, so schlaffest dw?
4. Machstu nicht nur ain klaine weyl
   mit mir hie wachen vnd auf sein?
5. Nun wacht vnd pett vnd euch pebart,
   das ir nicht in versuchung vald!'
6. Damit gieng er von jn hindan
   vnd rüft mer seinen vater an!
7. 'Ich pitt dich, got vnd vater mein,
   als vil es müglich mag gesein.
8. So nym von mir hin disen kelch
   vnd mich der marter vberheb;
9. Doch nicht mein will, dein will ge-
   schech!'
   vnd gieng zw seinen jungern mer.
10. Vnd das geschach zwm dritten mal.
    das er den vater also pat.
11. Als oft auch czw den jungern kam,
    so oft er sie auch schlaff und vand.
12. Dye weyl richt sich auch judas czwe,
    der seinem maister veintschaft trueg.
13. Pald zw den fürsten er da kam,
    ain schar der juden an sich nam.
14. Sye nummen mit jn auf die fart
    latern, fackeln, strick vnd schwert.
    [Bl. 37b]
15. Das ir gefert was also wild;
    sye nummen kolben, spyess auch mit.
16. Judas gieng mit jn in das haws,
    jn dem der herr gebesen was.
17. Da er den herren nicht da vand.
    eylt er mit jn hinausz czwhant.
18. Jhesus, der senft vnd gütig herr,
    die liechter nach von ferren her.
19. Zw seinen jungern er da gie,
    als ain getrewer frummer hiert:
20. 'Stet auf vnd secht! wan er ist hie,
    der mich verraten hat. kumbt schier!
21. Stet auf, last vns engegen gan!'
    sie sahen da den herren an.
22. Kain gstalt an jm da nyndert was,
    wan jm sein kraft entwichen war.
23. Als er nun czw jn kummen was:
    'wen sücht ir hie?' er czw jn sprach.
24. 'Wir süchen ihesum von Nazareth!'
    'ich pin es!' sprach zw jn der herr.
25. Dye wort des herren heten kraft
    vnd halen wie ain thunnerschlag.
26. Dar durch sie all zwrucke vieln,
    vnd judas auch das mit jn hielt.
27. Damit erczaigt der her sein kraft,
    das er sye möcht ertöttet habñ:
28. Vnd ju auch dar vmb das verhengt.
    [Bl. 38a]
    ob sich der judas hiet erkent.
29. Vnd das geschach zwm dritten mal,
    das er sie also fragen war:
30. 'Wen sücht ir hie?' sie sprachen mer:
    'wir süchen ihesum von Nazareth!'
31. Sein jungern schuff er da hindan:
    'seind ir mich sücht, so last die gan!'
32. Aus irem czorn er sie nam
    vnd gab sich selb für sie hindan.
33. Er sprach zw jn senftmütigkleich:
    'jr seyt ausgangen in der weys.
34. Als wie czw ainen schacher her,
    mit schwertern, kolben vnd sölcher wer.
35. So ich doch pey euch täglich was
    vnd in dem tempel lernen war.

36. Dar vm ist aber das ewr czeyt;
 wan ir der finster süne seyt!'
37. Als nun das czaichen da geschach,
 kain pesrung an jn nyndert was,
38. In irer herttigkeit pelibm̄,
 da gab er jn gwalt vber sich.
39. Judas drang herfür aus der schar,
 als ob er erst gieng aus der stat:
40. 'Pys grüsset maister!' zw jm sprach,
 ain falschen kusz er jm da gab.
41. Zw jm sprach gütigklich der herr:
 'frewnt, warczw pistu kummen her?'
 [Bl. 38 b]

42. Vnd sich gar frewtlich zw jm naigt
 vnd sich auch lieblich jm erczaigt:
43. 'O juda!' sprach der herr zw jm,
 'wie, dw verrätzt des menschen kind
44. Vnd mit dem kusz gibst in den tod?'
 judas ye lenger ye pöser ward.
45. Des alles wir ermanen dich,
 herr ihesu christe, pitten dich;
46. Vnd vns pehüt vor judas kusz,
 vor aller vntrew vnder vns.

XXI.

Als judas nun dem herren het den kus gegeben vnd jn dar gab.

1. Als judas nun den kusz volpracht,
 den herren nun wolt geben dar.
2. Von erst er jn was greyffen an
 vnd schray die andern juden an:
3. 'Nembt hin den menschen, greyft jn an,
 das er euch nit mer müg engan!
4. Vnd fürt jn sicher, halt jn vast
 wan ich euch nun geweret hab!'
5. Damit liessen die juden czwe
 mit grossem grim vnd vngefueg.
6. Mit stricken, keten punden jn,
 als vns die lerer schreyben sind.
7. Vnd grawsam was da ir gefert,
 sye punden ihesum also hert.
8. Ain sayl jm wurffen an den hals
 [Bl. 39 a]
 vnd czwgen jn da mit gewald.
9. Vnd ainer, die pey ihesu warn,
 der stregkt sein hant, das schwert
 auszczoch.
10. Er schlueg ainen der fürsten knecht
 das orsädl herab, das gerecht.
11. Des knechtes namen malchus was,
 er mas den schlag jm auf den tod.
12. Jhesus das or nam in die haut
 vnd haylt dem knecht das wider an.
13. Vnd auch zw petro also sprach:
 'nun stöss dein schwert ein an sein stat.
14. Wan die mit schwertern fechten wern,
 die werden mit dem schwert verderbm̄!'
15. Als pald der herr gefangen ward,
 fluhen die jungern von jm ab.
16. Allain das frayssam, grimig volck
 jn poshait da peleyben wolt,
17. Das auf sein tod was kummen dar,
 des vieng den herren also hart.
18. Sein hend jm punden auf den ruck,
 das plut jm zw den negeln austruckt.

19. Er ward gehandelt also ser,
 als nye kain mensch auf diser erd.
20. Ethlich jn pey den armen czugñ;
 ethlich jn pey dem rock erhuebm̄;
21. Etlich jn czugen hin vnd her
 vnd styessen jn oft auf die erd. [Bl. 39 b]
22. Ethlich jn schluegen in sein prust;
 etlich an seinew wang mit lust;
23. Etlich mit hölczern auf das hawp
 vnd schrieren auf jn vber laut.
24. Ir vngefueg was also gros:
 etlich jm stiessen hinden nach,
25. Das er oft mer enpar wardt tragñ,
 dan er die erd perürt sold habm̄.
26. Sye liessen jn oft vallen schwär
 aus iren henden auf die erd
27. Vnd mit den füessen traten jn.
 ir kainer thet erparmen sich;
28. Vnd hulffen jm dan wider auf
 mit rauffen, schlahen vber das hawp.
29. Sein jnnigkliches angesicht
 was jm vor schways vnd vnflat dick;
30. Wan sie jm spürczten oft darein,
 das pracht dem herren sündrew pein.
31. Mit sölchem iamer vnd an rast
 gestössen aus dem garten ward.
32. Sye fürtten jn hin in dy stat
 für ain czystern voller kotz.
33. Den herren wurffen sie dar jn
 vnd pey den stricken hielten jn.
34. Sye czugen jn herbider aus;
 kain raine stat an jm nicht was.
35. Also ward es der herr gefürt [Bl. 40a]
 dem Annas, pyscholff, für sein tüer.
36. O ihesu, dw geduldigs lamp!
 des pys also von vns ermand:
37. Von allen sünden vns enpint,
 vnd pitten dich, verlass vns nit!

XXII.
Wie er für annam ward gefürt.

1. Das leyden christi sey uns pey
vnd pring vns dort die ewig freyd!
2. Jhesus, der herr, der wart gefürt
des nachtz dem annas für sein tüer.
3. Sye weckten pald den pischolff auf
vnd fürten ihesum in das haws.
4. Der herr stuend da an alle gnad
vnd herttigkleich gepunden war.
5. Man pant jn auf vnezüchtigkleich.
der pischolff fragt jn dreyerlay:
6. Was er das volck gelernet het,
wer jm den gwalt gegeben het,
7. Warumb er auch gesamelt hiet
die jungern vnd die pey jm hielt.
8. Jhesus senftmütigklichen sprach:
'ich hab geleret offenbar.
9. Warumb pist dw mich dar vm fragñ?
frag die, dye es gehöret habm;
10. Dye werden dir wol sagen das, [Bl. 40b]
was ler ich jn gegeben hab!'
11. Dy red müet ainen seiner knecht;
der stelt sich zw dem herren her.
12. Mit grimen hueb er auf dy haut
vnd schlug den herren an sein wang:
13. 'Wie anthwurtzt dw dem pyscholff
zwe?'
sprach da der knecht mit vngefueg.
14. Jhesus jm dar auf anthburt gab
vnd gütigklichen also sprach:
15. 'Vnd hab ich vbl da gerett,
dw czeugnüsz von dem vbl gib!
16. Vnd hab ich aber wolgerett,
warumb das dw mich also schlegst?'
17. Vnd annas dar nach ihesum gab
den juden in ir hend vnd sprach:
18. 'Nun hüet sein wol heint disew nacht!'
das pracht dem herren vngemach.
19. Sye punden jm die augen zwo
mit ainem gar vnsawbern tuch.
20. Dye hend jm punden auf den ruck,
hertt hin vnd her ward er geczuckt.
21. Vnd liessen jn oft also stan;
mit pösen warten reten an.
22. Sye schlugen, styessen jn als ser,
das er für sye viel auf die erd.
23. Dan hulffen sie jm wider auf
mit rauffen, schlahen vber das haup.
[Bl. 41a]
24. Also vertriben sie dy nacht
pys margens, das der tag an prach.
25. Annas ihesum versehen thet.
mit stricken pinden vast vnd hert.
26. Er schickt jn hin dem Cayphas dar,
pey dem die geschriftgelerten warn.
27. Vnd durch der fürsten gassen ein
fürten sie ihesum offenleich.
28. Sye waren aller tugent lär
vnd czugen jn vast hin vnd her.
29. Mit grossem gschray vnd vngefueg
ward er gefürt dem Cayphas ezue.
30. Herr ihesu christe! aller schmach
vnd aller vntrew, vngemach,
31. Dye dir vor annas ward peweyst.
ernanneu wir dich jnnigkleich,
32. Vnd vns dir last pefolhen sein,
pehüt vns dort vor aller pein!

XXIII.
Wie er für Cayphan ward gefürt.

1. Herr, dir czw lob vnd auch zw er
petrachten wir dein leyden mer.
2. Jhesus der ward gefüeret ein
in Cayphas haws gar jämerleich,
3. Dar jnn dan all gesamelt warñ
die priester. fürsten, gschriftgelartñ.
[Bl. 41b]
4. Petrus volgt da von vern nach,
ob er der ding ain eude säch.
5. Da ihesus wart für Cayphas pracht.
er sach jn an vnd also sprach:
6. 'Was wist ir auf den menschen hie?'
sye schrieren auf all mit pegier.
7. Das erst sye sagten auf jn her.
wie das der herr ain czawbrer wär.
8. Vnd das pebärten sie also:
vmb das er vil gesunt het gemacht.
9. Sye czigen jn auch also mer,
das er auch ain eprecher wär,
10. Vm das, das er erlöset het
dy fraw jm templ aus der nöt.
11. Sye gaben auch für auf jn mer.
wie er ain schalck vnd sölcher wär,
12. Das jm die weyber giengen nach,
vnd sagten auf jn falschew klag:
13. Vnd wie er auch ain haiden wär,
pesessen mit dem tewfl wär,
14. Vnd dar czüe ain falscher prophet,
ain lugner. trugner seiner weg;
15. Vnd ain verlaytter irer ee,
dem tempel widerspänig wär.
16. Vnd was sie klagten vnd jn czignñ,
das wart da alles aufgeschribiñ.

17. Als nun ir klag ward fürgepracht.
 [Bl. 42a]
 der Cayphas zu dem herren sprach:
18. 'Wie, horstu nicht die klag auf dich.
 wie dye geczewgen wider dich?'
19. Ihesus, der herr, kain antburt gab.
 diemütigklich vor nyder sach.
20. Des nam da wunder Cayphas,
 stuend auf vnd czw dem herren sprach:
21. 'Nun, pey dem lebentigen got
 peschwer ich dich, das dw mir sagst,
22. Ob dw doch seyest gottes sun.'
 'ich pin es!' sprach der herr zw jm.
23. Als nun das Cayphas so vernam,
 jn grossem grimen er auf sprang:
24. 'Was pedürffen wir czewgknüsz mer?
 ir habt ausz seinem mund gehört.
25. Wie das er sey nun gottes sun;
 was dunckt euch gut, das saget nun!'
26. Sye schrieren auf mit vngefueg
 vnd traten da dem herren czüe:
27. 'Er ist schuldig dar vmb des totz!'
 vnd czugen jn da ab der stat.
28. Der fürsten diener waren vil;
 die spürezten in sein angesicht.
29. Mit vnflat er vmhaugen ward.
 das man* jn kawm erkennen macht.
30. Dye diener pey dem fewr da warn,
 pey den auch petrus sas heruorn.
 [Bl. 42b]
31. Sye sahen jn gar greylich an,
 wie er der jungern ainer wär.
32. Ain diern jn auch da vernam.
 dy gieng czw jm vnd rett jn an:

33. 'Warstu nicht ainer auch da vorñ.
 die pey ihesu jm garten warn?'
34. Petrus hub an czw laugnen ser,
 wie er der jungern kainer wär:
35. 'Vnd wais nicht, was dw sagest hie!'
 sprach er vnd czw der thür ausgie.
36. Ain andrew dieren ju ersach
 vnd czw den anderñ sie da sprach:
37. 'Der was mit ihesu von Nazareth!'
 petrus hub an vnd laugnet hert.
38. Wie das er jn hiet nye erkent.
 vnd schwur da vor jn allen streng.
39. Vnd auch die andern, die da warñ,
 die kummen dar vnd jn vmgabm:
40. 'Dw pist der ainer auch fürbar;
 wan dich dein red macht offenbar!'
41. Petrus in grossen forchten was
 vnd hueb laut an zw schweren pas.
42. Als das geschach czum dritten mal.
 hueb an der han vnd kräen ward.
43. Petrus gedacht da an die wart.
 die jm der herr het vor gesagt:
44. 'Ee das der han czwier kräen ist, [Bl.43a]
 drey mal dw mein verlaugnen pist!'
45. Petrus gie ausz mit grossem layd,
 mit reu vnd wainet pitterleich.
46. Johannes gie aus auch sich hueb
 hin gen bethania kam er frue.
47. Herr ihesu christe, gütigs lamp,
 des pys also von vns ermand:
48. Verleich vns auch geduldigkait
 jn aller widerbärtigkait!
49. Allain dir, herr, czw lob vnd er
 pehalt vns vnser arme sel!

XXIV.

Von dem schmerczen marie, als nun ir sun gefangen ward.

1. Nvn sullen wir petrachten mer
 den schmerczen, den Maria led.
2. Als nun johannes kummen was
 des margens gen bethania,
3. Als jn die trawrig muter sach,
 gar trawrigklichen czw jm sprach:
4. 'Pys willigkum, dw frewt der mein!
 wie wainest dw so pitterleich?
5. Wie stet es noch vm meinen sun?
 sag mir es pald an diser stund!'
6. 'O muter, wie gar hertte mär
 ich dir von jm czw sagen hab.
7. Kumb pald, fraw, czw dem herren mein
 [Bl. 43b]
 vnd allerliebsten sune dein!
8. Er ist gefangen hertigkleich,
 gepunden also jämerleich.

9. Perayt dich, fraw, er leydet not:
 wan auf ju süchen sye den tod.
10. Nymbar, judas der scarioth,
 hat jn verraten in den tod
11. Vnd heint kam er in mitter nacht
 mit wäpnern, vngefurder schar.
12. Vnd wart gehandelt also ser,
 vnd ich pesarg, o er noch leb.'
13. Als nun marie das vernam,
 das schwert des schmerczens durch
 sy drang.
14. Des sy vil iar erpiten het;
 das richt den spicz da in ir hercz.
15. Ain mantl vmb sy ward gelegt,
 vnd hub sich eylund auf den weg.
16. Sy wart geweyst auf durch dy stat
 mit wainen, schmerczen, grosser klag:

* H.: nam.

17. 'O we, mein allerliebster herr!
    wo wird ich dich nun vinden werñ?'
18. Als sy was kummen für das haws,
    jn dem ir sun vor Caypha was.
        der herr
19. O wie so gar mit grosser pegier
    den iren sun gesehen hiet.
20. Wan ir das nicht verlihen ward,
    vnd auch das haws verschlossen was;
        [Bl. 44a]
21. Wan ihesum heten sie in huet,
    das er jn nicht genummen wurd.
22. Nicht allain hasten sie den herrñ,
    auch alle, die jm czwgehörtñ.
23. Dar vm ir das nicht ward verhengt,
    allain petrübt her vorczwaten.
24. Als ihesus nun vor Caypha was,
    das ward erhört durch gancze stat.
25. Auch weyber von Galilea,
    die volgten auch dem herren nach,
26. Dye kummen czw der muter da
    vnd merten auch ir layd vnd klug.
27. Sye sahen vor des Cayphas haws
    die juden lauffen ein vnd aus.
28. Als hungrig, grimig, wüttund wolff
    ain lämblein gantz czerreyssen welñ.
29. Also staind es das lämblein gotz
    jn marter wartten seines totz,
30. Dye sünd der welt es auf jm trueg.
    des muter giengen schmerczeu ezüe,
31. Vnd nicht vnpillich fragen macht
    sand johanns, vnd czw dem sie
            sprach:
32. 'Johannes, liebster frewnt der mein,
    ob nicht noch petrus pey jm sey?'
33. Johannes ir da antburt gab:
    'o süssew muter, du mich fragst.
        [Bl. 44 b]
34. Von dem ich dir nichtz ways zw sagñ,
    dauon dw mögst ain trost gehabñ.
35. Allain das dir mer schmerczeu pringt.
    als ich es dir hab vor verkünd:

36. Wie judas ju verraten hat,
    petrus drey mal verlaugnet gar.
37. Dye andern all geflohen seind!'
    das pracht marie sundrew pein.
38. 'Nun haben das sein frewnt gethan.
    den er vor hat vil gutz gethan.
39. Was thain jm dan sein grimig veint.
    die jn hetten alczeyt in neyd?
40. O dw, mein allerliebster sun,
    so dw mir pist genummen nun;
41. Wer wirt hinfür nun sein mein tröst,
    wie pin ich so verwayset gar?
42. Dar vmb pit ich dich, sun vnd herr.
    dw nemmest hin von mir mein sel.
43. Das ich nicht sech dein marter an
    vnd dein so iamerlichen tod!'
44. Als das maria jn ir sprach
    vnd der geleichen het gedacht.
45. Als pald da schlos man auf das haws,
    den iren sun fürt man her aus.
46. Gepunden waren jm sein hend
    auf seinen ruck gar vest vnd streng.
47. Sye triben mit jm vngefueg [Bl. 45a]
    vnd retten jm da vbl czwe.
48. Mit sölcher weys ward er gefüert,
    mit wäpnerñ vm jn wol pehüt.
49. Der herr sach da die muter stan.
    die muter sach sein leyden an.
50. Sein angesicht was jm verdeckt,
    mit vnflat, dick an jm erhert.
51. Aim aussczigem sach er gleich
    vnd czw pilato wart geweyst.
52. In dem sich solten sehen an
    all heiling in der himel tran.
53. Der ward geczogen hin vnd her,
    verspürczet vnd verschmähet ser.
54. Herr, lob vnd er sey dir gesagt,
    wan dw vns nun hast rain gemacht!
55. Hinfür an mer, herr, mach vns rain,
    wan dein pedürffen wir allain.
56. Siech an hie vnser plödigkait.
    von deinen gnaden vns nit schaid!

XXV.

Wie er für pylatum ward gefürt.

1. Zw lob dem herren petrachten wir
   den ruff seins leydens mit pegier.
2. Als nun der herr mit vngemach
   ward für das haws pilati pracht,
3. Dye juden santen czw jm ein [Bl. 45b]
   vnd paten jn gar vleyssigkleich.
4. Das er pald herfür zw jn käm
   vnd den gefangen von jn näm.
5. Pylatus liess sich für dy thüer
   vnd czw den juden sprach er schier:

6. 'Was schuld gebt ir dem menschen hie?'
   als ob er spräch, kain schuld er hiet.
7. Dye redt den juden hart verschmacht,
   vnd czw pilato sprachen drat:
8. 'Wär der kain vbltäter hie,
   wir hieten ju nicht pracht czw dir!'
9. Pylatus west den iuden has,
   den sie dem herren trugen nach.
10. Dar vmb er czw jn also sprach:
    'was habt ir auf den menschen klag?'

11. Sye gaben für auf jn die klag,
    wye das er schuldig wär des totz;
12. Wan er hiet alles volck verkert
    von Galilea gar pys her.
13. Sye gunden auch mer auf jn legn͂:
    dem kayser man kain czins sold gebin.
14. Aynn künigk sich genennet hat.
    dar vm er leyden muss den tod.
15. Da mit ward er geantburd ein
    pylato hert vnd strenginkleich.
16. Der ward den richtern vber gebin.
    der richter was vnd selb das lebin.
    [Bl. 46 a]
17. Der stuend gepunden herttigkleich.
    der alle ding peschueff da frey.
18. Dye weyl der herr stuend vor dem haws,
    pilatus auch pey jm herauss,
19. Mit grosser schar vmgeben ward.
    maria volgt jm auch her nach.
20. Von verren sach sie iren sun
    gepunden vor pilato stan.
21. Von iren augen flussen ab
    die haissen cz̈äher gar an mass.
22. In stiller vnd czüchtiger weys
    trug sie den schmerczen haimeleich.
23. Ir hercz vnd sel wart da verbunt
    vnd haimlich in ir sprechen gund:
24. 'O dw. mein allerliebster sun.
    mein trost vnd trewer liebhaber!
25. O, wie so gar mit grossem streyt
    kumbstu hewt wider all dein veint
26. Vnd dich erczaigt so iämerleich,
    elendigkleich vnd armigkleich,
27. So dw doch pist das hochstist gut,
    die höchstist weyshait, er vnd gut!
28. In elend. marter, manig pein
    süechstu hewt haim die schäflein dein.
29. O salgew hoffnung menslichs trostz,
    wer wil sich von dir schaiden doch!
30. Wie wol dw pist hewt der versmächt
    [Bl. 46b]
    vnder allen menschen hie auf erd.
31. O, wer wil nicht mitleyden han
    mit deiner marter angstgedrang!'
32. Als nun maria das gedacht,
    mit schmerczen in ir selb gesprach,
33. Dye juden, die da warn heruor,
    die schrien auff den herrn den tod.
34. Pylatus lies jn pinden auf
    vnd fürt jn mit jm in das haws.
35. Pilatus seczt sich da zwhant.
    ihesus, der herr, vor jm must stan.
36. Als ob er der verschmächtist wär.
    der schöpffer himels vnd der erd.
37. Pylatus hub an. czw jm sprach:
    'was sprichest dw nun auf die klag,
38. Dye dan die juden auf dich legn͂?'
    der herr jm was kain antburt gebn͂.
39. 'Pystu ain künig, mir das sag!'
    der herr jm dar auf antburt gab:
40. 'Pin ich ain künig, als dw sprichst,
    das hab ich hie enpfangen nicht;
41. Vnd wär von diser welt mein reich.
    so hulffen mir die diener mein.
42. Vnd pin dar czwe geparen her.
    das ich die warheit sag vnd lerii!'
43. Pylatus czw dem herren sprach:
    'was ist die warheit? mir das sag!'
    [Bl. 47a]
44. Ihesus dar auf kain antburt gab.
    pilatus sich dar auf pedacht.
45. Er stuend da von dem herren auf
    vnd czw den juden gieng hinaus.
46. Wan sie gar ser vnmutig warn͂,
    das sie so lang da solten harn͂.
47. Wan sye pesargten das dapey,
    er wurd jn lassen ledig. frey.
48. Pylatus zw ju also sprach:
    'ich gib euch czwerkennen das,
49. Das ich an disem menschen hie
    kain schuld des totz doch gar nicht
    spüer.
50. Als nun die juden hörten das.
    das all ir klag czunichte was.
51. Da schrieren sie mit vngemach:
    'er ist schuldig des schmähen totz,
52. Wan er hat alles volck verkert
    von Galilea gar pys her,
53. Vnd das alles an sich geczogn͂,
    mit seiner falschen ler petrogn͂!'
54. Als nun pylatus höret das,
    das er von Galilea was
55. Vnd under dem herodes wär.
    zw dem schickt er den herren dar.
56. Herr ihesu, dw geduldigs lamp.
    des pys auch hie also ermant!
57. Ainer schickt dich dem andern dar.
    [Bl. 47 b]
    kain gnad dir da peweysset ward.
58. Erparm dich vnser durch dein güt
    vor allen veinten vns pehüet!

XXVI.
Wie er für herodem ward gefürt vnd wider czw pilato.

1. Verleich vns, ihesu, dein genad;
vns armen sündern nicht versag!
2. Allain dir, herr, czw lob vnd er
petrachten wir dein leyden mer.
3. Pylatus ihesum nemmen was
vnd jn der fürsten diener gab.
4. Sein hend jm punden auf [den] ruck,
hertt hin vnd her ward er geczuckt.
5. Sye fürten jn herodes czwe
mit jamer vnd mit vngefueg.
6. Des frayat sich herodes ser,
vm das er czaichen von jm sach.
7. Er fragt den herren manig frag,
dar auf er jm kain anthwurt gab.
8. Er legt jm an als ainem torii
ain weyss gewant, lanck hinden vnd vorn.
9. Pylato er jn wider sant,
vnd wurden aneinander frewnt;
10. Wan sie vor lang in veintschaft warn.
durch ihesum sic czw frewnten wurn.
11. Den dienern er pefolhen ward, [Bl. 48a]
die fürten jn vnmassen hart.
12. Sye giengen jm verr vor vnd nach
vnd schrieren auf vor aller schar:
13. 'Nun secht den an! wan er ist der,
der alles volck hat falsch gelert.
14. Nun secht! er ist gevangen nun,
der sich da nennet gottes sun
15. Vnd sich ain künigk hat genend:
dem sind gepunden nun sein hend!'
16. Das volck sie dar czw rayczten vast,
das sic jm auch gehässig warn.
17. Mit stainen, hölczern wurffen czüe,
mit anderm vnflatt auch dar czwe.
18. Dass weyss gewant, das an jm hieng,
dem herren für dye füss verr gieng,
19. Das er oft viel an alle gnad
vnd auf der erd jm vnflat lag.
20. Pylatus hawsfraw die ersach
die grössen väl vnd vngemach.
21. Hin czw pylato sant sy pald,
das er verpurg den seinen gwalt.
22. Mit nichte nicht czw schaffen hie,
mit disem vnschuldigen plut.
23. Also ward es der herr gefüert
pylato wider für sein thüer.
24. Ainer sties jn dem ander czwe,
von nyemantz macht er haben rue. [Bl. 48b]
25. Das alles sach maria an,
dar durch sy newen schmerczen gwan.
26. Pylatus des gar ser erschrack,
das jm der herr ward wider pracht.
27. Wan er ain hofnung het dar auff,
herodes wurd jn lassen aus.
28. Pylatus rüft czwsamen schnell
dye pyschölff, fürsten, gschriftgelertn.
29. Aufrichtiklichen czw jn sprach:
'ir habt mir disen czwgepracht,
30. Auf den ewr klag dan also stat,
wie das er schuldig sey des totz.
31. Nun hab ich des erfaren mich,
kain schuld an jm ich vind noch siech.
32. Dar vm ir welt, er sterben sol
ains sölchen schmächlichisten totz.
33. Ich wil jn aber straffen lan
mit gayseln genug vnd lassen gan!'
34. Da schrieren sie mit lauter stim:
'nur nymb jn hin vnd crewczig* jn!
35. Pylatus antburt jn vnd sprach:
'so ir nun ain gewanhait habt,
36. Das ir czw österlicher czeyt
seyt ainen lassen ledig, frey,
37. Nun, welchen welt ir, sol ich lan,
den ihesum oder barraban?'
38. Da schrieren sie pylatum an: [Bl. 49a]
'allain lass vns nur barraban?'
39. 'Was welt ir, das ich ihesu thue?'
'nur krewczig jn vnd tött jn nur!'
40. Des alles wir ermanen dich,
parmherczigklichen vns ansiech
41. Vnd hilf vns, herr, ausz aller not,
vnd so die czeyt kumbt vnsers totz.
42. Das an vns nicht erfreyet wern
die veint, die vnser sel pegern!

II. XXV
Die gayslung.

1. Petrachten wir das leyden mer,
das dan der herr hie für vns led!
2. Pylatus ihesum nam zwhant
vnd hies jm pinden auf sein hend.
3. Mit allem vleys er da gedacht,
wie er jn ledig machen mächt.
4. Er wolt jn lassen czüchtigen,
vor iren augen das geschäch.

* H.: czrewczig.

5. Damit er sie gestillen macht
 vnd mit dem leben von jn pracht.
6. Er czoch jm ab das sein gewant.
 czw ainer sälen er ju pant.
7. Als nun die juden sachen das,
 das man den herren pinden was,
8. Sye lieffen hin also geschwint. [Bl. 49 b]
 die strick die prachten sie zw jm,
9. Mit den er het getriben ausz
 die juden aus seins vaters haws.
10. Er lies jn schlahen also ser
 mit gerten, gayselñ, keten, hert.
11. Dye czucht des herrens also was.
 vnd dreyerlay vnmassen gros.
12. Dye gerten jm czerryssen gar
 die hawt pys czw der sollen ab.
13. Dye gayselñ jm sein heyligs fleysch.
 die ketten plawen jm den leyb.
14. Das män jm an maniger stat
 hin ein das ploss gepain da sach.
15. Sein heiligs plut ab von jm ran.
 in sölcher lieb sach er vns an.
16. Er was geduldig in den tod.
 dapey er vns exempel gab.
17. Siech an den herren, christen sel.
 wie er erezogen vor dir ste!
18. Siech an, für dich led er die not,
 czwlecst den pitterlichen tod!
19. Des sey nun lob vnd er gesait,
 herr, deiner lieb vnd miltigkait!
20. Vnd vns vergib all vnser schuld.
 ju widerbärtigkait geduld!
21. Vnd durch vergiessung deines plutz
 von vnsern sünden waschen thue!

XXVIII.
Dye krönung. [Bl. 50 a]

1. Als nun der herr gegayselt ward,
 vnd an der sewlen das geschach.
2. Den juden noch kain gnüegen was,
 allain jn martern mit dem tod.
3. Man pant jn ab der sewl herab.
 seins plutz er vbernnnen was.
4. Er stuend da also iämerleich.
 vnd czytert aller seiner leyb.
5. In spotweys legten sy jm an
 ain purpur klayd, küniggewant.
6. Sie seczten jn auf ainen stuel
 vnd punden jm die hend darzwe.
7. Ain kron von dorn fluchten sie
 vnd auch jn spotweys krö'n'ten jn.
8. Sye truckten jm die hertt hinein
 pys auf die heilig hiernschal sein.
9. Der herr da in der marter sas.
 das plut jm vbr die augen flos.
10. Dar nach peweysten sie jm schant:
 ain ror jm gaben in dy hant.
11. Sye viellen für jn auf die knye:
 'pys grust der juden künig hie!'
12. Sein angesicht was jm verdeckt.
 mit plut vnd spaichelñ ganez erhert.
13. Sye triben vor jm sölchew wart, [Bl. 50b]
 das man es hart geschreyben mag.
14. Mit fluchen, schelten, schlahen hart,
 mit spüczen, rauffen pey dem part.
15. Das led der herr geduldigkleich,
 das er vns pracht das himelreich.
16. Hie ward verspottet alles das,
 das yndert an den herren was.
17. Sein gothait, menschait, heiligkait
 wart da verspot vnd hingelaid.
18. Das sey dir lob vnd er gesagt,
 der dw für vns verschmähet warst!
19. Vor allem spot vns dort pehüt,
 des pitten wir dich durch dein güt!

XXIX.
Ecce homo.

1. Als nun der herr gekrönet ward,
 sein heiligs hawp durchlöchert gar,
2. Pylatus jn da czw jm nam.
 also verbuntten mit der kran.
3. Er fürt jn in ain fenster auf
 vnd czaigt den juden jn herausz.
4. Er sprach: 'nun secht den menschen an!'
 als ob er spräch: nun last jn gen!
5. Nun secht, wem er doch sey geleich,
 erparmt euch noch vnd last jn frey!
6. Nun siech. mein sel, den herren an,
 [Bl. 51 a]
 siech an dem künigk mit der kran!
7. Er tregt ain künigkleich gewant.
 jn dem er schmachait leyd vnd schant.
8. O dw, mein sel. erparm dich sein,
 siech an. petracht die grossen pein!

9. Ihesus da vor den juden staind,
kain gnad jm noch von jn erschain.
10. Allain mit grim vnd lauter stim
schrieen sye czw pilato hin:
11. 'Nur heb jn auf vnd crewczig jn!
wan er des totz wol schuldig ist.
12. Nach vnserer ee er sterben musz,
des mag jm nyemantz machen pusz.
13. Wan gotes sun sich hat genant,
dar vm richt jn vnd machs nit langk!'
14. Der red erschrack pylatus ser
vnd nam czw jm den herren mer
15. Vnd mit jm in das rechthaws fůrt,
gedacht mer, wie er ledig wůrd.
16. Er fragt den herren mer vnd sprach:
'von wannen pistu? mir das sag!'
17. Der herr jm da kain antburt gab.
pylatus aber czw jm sprach:
18. 'Antburtzt dw mir nicht auf mein frag,
vnd vber dich gewalt doch hab?'
19. 'Dw hietest kainen vber mich, [Bl.51b]
wär er dir nicht verhenget hie.
20. Wan der mich dir gegeben hat,
der hat mer sůnt dan dw volpracht!'
21. Pylatus mer petrachten thet,
wie er den herren lassen möcht,
22. Vnd wider czw den juden sprach:
'ich vindt an jm kain schuld des totz!'
23. Als nun die juden hörtten das,
das er ihesu genaiget was,
24. Da schrieen sye: vnd läst dw jn.
kain frewnt des kaysers dw nit pist.
25. Wer sich ainn kůnigk nennen ist,
dem kayser er da widerspricht!'
26. Pylatus mer in sargen was
vnd forcht des kaysers vngenad.

27. Er wusch die hend vnd dar czw sprach:
'ich pin vnschuldig, nemmet war,
28. An disem vnschuldigem plut,
dar vm schaut ir auf, was ir thut!'
29. Sye schrieen auf mit lauter stim:
'sein plut auf vns vnd vnsrew
kind!'
30. Pylatus nun czw grichte sas,
den herren richten czw dem tod.
31. Da sendt czw jm dy hawsfraw* mer,
das er mit nichte richten wär:
32. 'Wan ich heint viel erlitten hab,
von seinen wegen vngemach!' [Bl.52a]
33. Das schuffen alls die pösen geist,
die alezeyt irren vnser hail.
34. Das ihesus als geduldig was,
des trugen sie jm neyd vnd has.
35. Als judas nun vernam vnd sach,
das man jn richten wolt czum tod,
36. Mit rew sein vbl da erkant
vnd czw den fürsten lieff czwhant:
37. 'Ich hab gesůnt', er czw jn sprach,
'das ich also verratten hab
28. Das plut der vnschuld so an not!'
die pfenning in den tempel warff.
29. Sye sprachen: 'was get vns das an?
schaw dw auf, was dw hast gethan!'
30. Damit verezweyfelt iudas gar
vnd nam ain strick, erhieng sich da,
31. Sein sel jm prach aus durch den
leyb
vnd ist verdampt nun ewigkleich.
32. Vor sölchem end vns, herr, pehůt!
des pitten wir dich durch dein gůt,
33. Das an vns nicht verlorn werd
dein heyligs leyden hie auf erd.

XXX.
Das vrtayl.

1. Pylatus nun czw grichte sas [Bl. 52b]
vnd forcht des kaysers vngenad.
2. Darumb er ihesum richten wolt
auf offnem placz, vor allem volck.
3. Er gab das vrtayl vber jn,
das mān jn sold vertilgen hin
4. Von diser welt des schmähen totz,
als an dem krewcz dan das geschach.
5. Des vrtayls wurden sie erfreyd,
jr hercz das pran in has vnd neyd.
6. Sye eylten da dem herren czwe
mit schreyen vnd mit vngefueg.
7. Sye stiessen jn vast hin vnd her,
verspůrczt, verspott ward er da mer.

8. Er was da vor den juden sten
als wie ain ausseeziger mensch.
9. Das alles sach maria an
vnd auch das vrtail höret gan.
10. Herr ihesu christe, vnser hail,
so dw wirst richten, vns nicht schaid!
11. Des vrtails wir ermanen dich,
parmherczigklichen vns an sieeh!
12. Vnd, muter der parmherczigkait,
des schmerczens vnd des herczenlaitz
13. Ermanen wir dich jnnigkleich;
an vnserň end so ste vns pey!

* H.: hawfraw.

XXXI.
Dy ausfüerung.

1. Als nun der herr geurtailt ward [Bl. 53a]
   dem strengen, pitterlichen tod.
2. Zw dem er nun gefürt sold werń
   vnd schaiden hin von diser erdñ,
3. Den rittern er pefolhen ward.
   die eylten mit jm czw dem tad
4. Vnd jn enplösten des gewantz,
   das jm ward angelegt czw schaut.
5. Das haft jm ser in seinem leyb,
   pesundrew marter dauon layd.
6. Mit kreften jm das czugen ab.
   sein heiligs plut hernach da flos.
7. Als nun der herr enplösset ward,
   den seinen rock man jm anbarff.
8. Das alles thet män jm czw schant,
   wan er dar jnn was wolerkant.
9. Das krewcz das huben sie jm auf,
   das must der herr nun tragen aus.
10. Den schachern ward er czwgeleicht
    vnd czwischen jn czwm tod geweyst.
11. Als ob er ye der pösist wär,
    der nye her kam auf disew erd.
12. Das krewcz was schwär, gros, darzúe
    lanck
    dar vnder ihesus nyder sanck.
13. Als sie jn prachten vnder das tor,
    sein kraft jm gar enthwichen war.
14. Vnd mit dem krewcz sanck auf dy erd;
    das macht, ain warer mensch er wär.
    [Bl. 53 b]
15. Des nummen jn die ritter war
    vnd huben jn da pald enpar.
16. Wan sie pesargten, das er stüerb
    vnd vnder iren heuden verdürb,
17. Vnd jn nicht mächten pringen dar,
    da sie jn wolten martern gar.
18. Sye seczten jn auf ainen stain;
    dy rast des herren was da klain.
19. Der herr hinumb sach gen der stat
    Vnd sach vil volcks jm volgt her nach.
20. Dar vnder heilig weyber warn
    mit layd vnd smerczen hochpeladñ.
21. Von iren augen flussen ab
    die haissen czäher an vnderlosz.
22. Ihesus, der herr, die muter sach.
    er tröst sy, in dem das er sprach:
23. 'Ir töchter von iherusalem,
    nicht vber mich solt ir hie waynn.
24. Allain vber euch vnd ewrew kind!
    wan es dy czeyt noch auf euch kúmbt.
25. In welcher ir dan sprechen wert.
    vor iamer fallen auf die erd:
26. "Sälg seind die leyb die nye geporñ.
    die prüst die nye gesawget habm"!'
27. Vnd das geschach nach vierczigk iarñ:
    iherusalem czerstöret ward.
28. Als nun die ritter hörten das, [Bl. 54a]
    das er anhub vnd reden ward,
29. Sye ruckten jn pald ab dem stain
    an alle gnad vnd güttigkait.
30. Das krewcz jm huben wider auff
    vnd eylten vast mit jm hin aus.
31. Der herr was kranck vnd also schwach,
    das krewcz er nicht getragen macht.
32. Ain man kam dar ausz ainem darff;
    der must jm helffen tragen nach.
33. Also ward er dahin gepracht.
    da er dan leyden soldt den tod.
34. Das alles pys nun, herr, ermant!
    parmherczigklichen siech vns an,
35. Vnd vns verleich hie dein genad,
    dir vnser krewcz auch tragen nach
36. Vnd tragen das auch an die stat,
    da vnser leben ain ende hat!
37. Maria, himelkünigin,
    erbirb vns das von deinem kind!

XXXII.
Dye abczihung pey dem krewcz.

1. Als nun der herr wart dar gepracht,
   da er nun leyden wolt den tod,
2. Den seinen rock czoch man jm ab;
   der haft jm in den wunden vast.
3. Den ryssen sie ab jm herab. [Bl. 54 b]
   sein heyligs plut er mer vergos.
4. Der herr stuend ploss, elendigkleich,
   vor allem volck gar ärmigkleich.
5. Vor frost vnd schmerczen czitern ward.
   vnd jm die kraft eugangen gar.
6. Dye rytter eylten mit jm ser,
   das krewcz sie legten auf ain höch.
7. Sye griffen nach dem herren da
   mit vngefueg pey seinem har.
8. Sye wurffen jn da auf das krewcz
   vnd streckten jm aus seinen leyb.
9. Sye nummen jm dy grechten hant
   vnd schluegen die ans krewcz hinan.
10. Sye massen jm die andern dar
    hin czw dem loch des andern ortz.

11. Das vil czw ferr geporet was,
vnd czugen dye mit stricken dar.
12. Ain nagel da geschlagen ward,
was pülbäge vnd auch darczw grosz.
13. Zw herttigkait was ir pegier,
sye legten strichk auch an die fües
14. Vnd czugen die mit aller kraft,
das jm sein leichnam krachen ward.
15. Sye czugen die auch mit geschray,
kain pain an seiner stat pelayb.
16. Der herr da an der marter lag,
auf czw den himelñ er da sach. Bl. 55a)
17. Als ob er seinen vater säch,
den seinen leib jm opfferñ wär.
18. Dye schacher wurden auferhabin,
dy weil der herr lag auf der wag.
19. Des auch ermanen wir dich hie,
herr, kainen dw nye hie verliest!
20. Dar vmb so rüffen wir dich an,
verlassz vns nicht in disem land!
21. Kum vns czu hilf in diser not,
so wir da ligen in den tod!

XXXIII.
Dy aufrichtung des krewcz.

1. Nvn süllen wir vergessen nicht,
wie es der herr ward aufgericht.
2. Dye ritter kummen eylund dar,
den herren huben sie enpar
3. Mit vil gespött manigerlay,
mit lachen, schelten vnd geschray.
4. Sye trugen jn der gruben czue
mit aller schant vnd vngefueg.
5. Sye stiessen jn mit kraft dar ein,
des kracht jm aller seiner leyb.
6. Aus henden vnd aus füessen flosz
sein heiligs plut an vnderlosz.
7. Dye vier prünn wurden aufgethan,
dar jnn wir vns nun waschen schan.
'Bl. 55 b]
8. Dye hämerschleg vnd auch dapey
das aufheben vnd gross geschray
9. Das hört vnd sach maria an,
dar durch sie herczenlayd gewang.
10. Als nun der herr wart auf gericht
in czwischen czwayer schacher mitt,
11. Sye liessen für jn vm das krewcz;
sein grosse marter was ir freyd.
12. Sye hueben irew hewper auff
vnd sprachen czw jm so hin auf:
13. 'Nun vach, der so gewaltig ist,
den tempel gottes prechen wil,
14. Vnd den hinbider pawen wil
jn dreyen tagen, ruembt er sich!'
15. Sye triben vor jm vngefueg
vnd retten jm da vbl czwe:
16. 'Den andern er geholffen hat,
jm selb er nicht gehelffen mag!'

17. Pistu gotz sun, so steyg herab!
so glauben wir nach deiner sag.'
18. Das hub jm auch der schacher auff,
Der zw der lincken seyten was:
19. 'Pistu gotz sun, erledig dich
vnd vns mit dir mach haibärttig!'
20. Des straffet jn der ander vast:
'vnd dw furchst got nicht?' zw jm
sprach,
21. 'In der verdampnüsz dw doch pist,
[Bl.56 a]
vnd leyden das gar pilligklich.
22. Was aber der hie leyden ist,
das leydet er vnpilligklich!'
23. Vnd kert sich czw dem herren da,
mit rewigem herczen czw jm sprach:
24. 'Gedenk mein, herr, in deinem reich!
vnd er gelaubt da vestigkleich.
25. Der herr den schacher trösten was
vnd sprach: 'fürbar, ich dir das sag,
26. Hewt wirstu warlich pey mir sein,
warlich pey mir jm paradeys!'
27. O wie so gar ain süsser dan
dem schacher in den oren klang!
28. Da jm der herr verhaissen was
das paradeys, die ewig gab.
29. O milter herr, mit deinen gabñ
pegab vns auch mit disen gnadñ!
30. Vnd das wir dir nit schnöder seind,
dan dir der schacher an dem krewcz.
31. Sprich auch czw vns, herr, disew wart
mit den dw jn getröstet hast!
32. So vnsers lebens nicht mer sey,
so ste vns mit den warten pey!

Bäumker, Deutsches geistliches Liederbuch. 3

XXXIV.
Als er nun hieng an dem krewez.

1. Nun sullen wir petrachten mer, [Bl. 56 b]
wie es der herr am krewez nun led.
2. Der herr hieng da in todes not.
gespannen vnd genagelt hart,
3. An allen glidern ser verbunt,
allain die czung noch prauchen kunt.
4. Vnd in verspottung sölcher schmach
pat er für sie vnd also sprach:
5. 'Vergib jn, vater, vater mein,
wan sie nit wissen, was sie thain!'
6. Dye stym des suns da senften thet,
des vaters czoren nyder legt.
7. Wan sölche kraft het das gepet,
das da von wurden vil pekert.
8. Vnd wert noch hewt auf disen tag:
nyemantz der vater versagen mag.
9. Wan er nun so parmherezig ist,
wee dem, der sich versawmen ist!
10. Maria hort an disew wart,
wie ir sun für sein veint da pat.
11. Vor herezenlayd vnd iamer schwär
vil lieber tod gewesen wär.
12. Ir schmerezen thet dem herren wee
vber alle marter, die er led.
13. Maria jn ir sprechen gund
zw jrem sun aus herczem grunt:
14. 'O herr des himels vnd der erd,
wie pist erarmet hewt als ser! [Bl. 57 a]
15. Vor armut nicht ain stätlein host,
dahin dein hawp gelainen mägst!
16. O allerliebster herr, der mein
vnd trewer hiert der schäfflein dein.
17. Sprich zw mir nur ain ainig wart
in meiner gegenbürtigkayt!
18. Als das maria ir gedacht,
der herr trost sy vnd czw ir sprach:
19. 'Nymbar, weyb, das ist nun dein sun!'
vnd czw johannem widerum:
20. 'Nymbar, das ist dy muter dein!'
dy junckfrawn nam dy junckfrawn* ein.
21. Dye trawrig muter schweygen thet,
vor schmerezen ward ir herez verdeckt.
22. Dye hayssen czäher sy vergos,
der schmerez was gros, ir red peschlosz.
23. Wie gros der schmerez doch ymer was,
jünckfreylicher ezucht sie nye vergasz.
24. Nun, muter der parmherezigkait,
nun wir ermanen dich des laytz.
25. Als dir dein allerliebster sun
sand johanns gab für deinen sun
26. Vnd dich jm für dy muter sein,
lass vns dir nun pefolhen sein!

XXXV.
Als noch der herr hieng an dem krewez vnd lebt.

1. Als nun der herr hieng an dem krewez [Bl. 57 b]
kain glid an jn het er nit frey.
2. Allain dy ezung vnd augen sein;
damit trost er die muter rain.
3. Als er wolt gen aus diser welt,
mit reden, sehen er sy trost.
4. Darum sy wol gesprechen macht:
'vnd ob ich alles des vergasz.
5. Das ye mein sun hie mit mir thet,
so mächt ich des vergessen nit,
6. Als mich mein allerliebster sun
am letzten sach so lieblich an.'
7. Der herr schray auf mit lauter stim,
dy stim hal czw dem vater hin.
8. Er schray die wart: 'mein got, mein got,
wie hast dw mich verlassen doch?'
9. In pittrikait des todes not:
'mich türstet', da der herre sprach.
10. Die juden lieffen eylund hin,
pald gall vnd essing prachten sie.
11. Das gaben sie jm in den durst,
das jm dy martter grösser wurd.
12. Als ihesus, der geduldig herr,
des pittern trangks versüechet het,
13. Dienmütigklichen dar nach sprach:
'es ist nun alles das volpracht!'
14. Dy juden waren vnder dem krewez
vnezichtig vnd gar grober weys. [Bl. 58 a]
15. Sye taylten jn das sein gewant,
das sach auch da maria an.
16. Den rock des herrens sunderbar,
der was gewürckt an alle nat,
17. Den jm maria het gemacht,
darumb so wurffen sie das lasz.
18. Als nun der herr das wart gesprach:
'es ist nun alles das volpracht',
19. Da rang mit seinem heyligen leyb
der pitter tod gar kreftigkleich.

---

* H.: junkfawn.

20. Sein heiligs hawp er naigen ward
vnd seiner sel da vrlaub gab.

21. Dem tod er auch erlauben thet
mit lauten schreyen und gar hertt:

Va-ter, in dein hend enpfilch ich meinen gei-ste!

22. Der herr gab hie auf seinen geist
[Bl. 58 b]
mit lauter stim, gar herttigkleich.
23. In himeln vnd in ertterreich
erhal dy stim gar pärmigkleich.
24. Dye chör der englen stelten sich,
als ob sye trawrten jnnigklich.
25. Dy sunn nicht mer gab iren schein,
die stain enspielten sich enczway.
26. Dem herten sünder hie czw schant,
der hertter ist, dan ain stainbant.
27. Centurio ain ritter was,
dem dan der herr pefolhen was.
28. Als der die wunderczaichen sach,
der schlug in sich vnd also sprach:
29. 'Warlichen was der gottes sun!'
dye rew sein hercz perüeren gund.
30. Der vmhang in dem templ was,
raysz sich enczway von oben herab.
31. Drey stund wert es dy vinsterey,
so lang lebt christus an dem krewcz,
32. Als lang Adam im paradeys,
als vns dye heilig gschrift ausweyst.

33. Dy stim ihesu gehöret hat
das ertterreich, erpudmen ward;
34. Wan es das krewcz schwärlich enpfieng,
daran sein schöpfer led vnd hie'n g.
35. Dy stim auch mer gehöret habm:
der toten greber offen wurdn. [Bl. 59a]
36. Vil heiliger leyb dar aus erstuen
vnd in der stat ir vil erschaynn.
37. Auch ward erpudmen alles das,
dar indert in der vorhell was.
38. Dye pösen geist die schmuckten sich,
pys sie der herr stürmbt gweltigklich.
39. Der himlisch vater da zwhant
den menschen czw genaden nam.
40. Maria sach in iamers not,
wie mit jm rang der pitter tod.
41. Nun, muter der parmherczigkait,
pitt für die armen kristenhait!
42. Herr ihesu christe, tail vns mit,
des dich dein liebew muter pitt!
43. Dye lieb dich pracht auf an das krewcz;
tayl vns die mit noch ewigkleich
44. Durch deinen pitterlichen tod!
dein gnad vns armen nicht versagt.

XXXVI.

Als nun dy sel von dem leichnam was geschaiden.

1. Als nun des herren heilig sel
sich von dem leib geschaidet het.
2. Sy lies den hangen solcher weys
verwunten vnd so iämerleich
3. Durchmartert vnd durchlöchert ser.
[Bl. 59 b]
das kainer leydet nymmermer.
4. Mit offnem mund, genaigtem hawp,
o kristen sel, den herren schaw!
5. Der juden fürsten nummen bar
irs hohen hochczeytlichen tags,
6. Das nicht die leyb dy hohen czeyt
peliben hangund an dem krewcz.
7. Den rittern das pefolhen ward,
die eylten zw jn aus der stat,

8. Den schachern prachen ir gepain,
dem herren auch das wolten thain.
9. Da sahen sie jn toten an
vnd nicht czerprachen sein gepain.
10. Ain ritter, der langinus hies,
drang durch das volck vnd sich periet
11. Sein sper er czw dem herren masz
vnd jm das in sein seyten stach,
12. Dar aus dan plut vnd wasser ran.
das alles sach maria an.
13. Das was czwmal gar parmigkleich,
das er das thet dem toten leib.
14. Maria newes layd enpfant,
vor schmerczen auf die erden sauck.
15. Vnd das petracht auch, cristen sel,
was schmerczen da dy muter het!

XXXVII.
INRI.

1. Pylatus der lies schreyben auch [Bl. 60a]
vnd schlaben an das krewcz hin auf,
2. Das hies: „Jhesus von Nazareth,
der juden künig", schreiben thet.
3. Als nun die juden sahen das
vnd horten, das geschriben was,
4. Hin czw pilato lieffen sie:
'nicht schreib den vnsern künig hie,
5. Nur das er sich hat den genant.'
dapey ir poshait ward erkant.
6. Irs regimentz sie sich vercsign,
dem kayser wolten vnderligñ.
7. Pylatus sprach vnmutigklich:
'was ist geschriben, ist geschribm!'
8. Vnd in der czeyt kam dar ain man,
josehff von Aromathia,
9. Der haimlich auch ain junger was,
der rayt da für den herren sach.
10. Er sach den herren christum an,
genadelt an das krewcz hin an.
11. Er sach, das er gestarben was.
dar vm sein hercz petrüebe was.
12. Vnd eylund zw pylatum gieng,
vnd Nycodemus auch mit jm.
13. Sye paten jn gar vleyssigkleich,
das er jn gäb den toten leyb,
14. Das sye jn prächten czw dem grab
vnd melten auch der mutern klag.
[Bl. 60b]
15. Ob man den nicht verpergen würd,
vor schmerczen sy auch sterben wurd.
16. Mit wurder hört pylatus das,
das er als pald gestarben was.
17. Wan er gedacht die marter sein
vnd der manigen hertten pein,
18. Vnd dauon nicht gestarben was;
darumb vermaint er auch noch das.
19. Als nun pylatus hörat das,
das es der herr gestarben was,
20. Den leichnam christi er jn gab,
vnd sie jn trüegen czw dem grab.
21. Des wurden sie gar ser erfreyd
vnd danckten jm gar vleissigkleich.
22. Josehff der schickt sich in der czeyt
mit laytern, czangen czw dem kreucz.
23. Er nam ain tuch auf sich, was weys,
vnd lost den herren ab dem kreücz.
24. Maria stuend da nahant pey
jn grossem herczenlichen layd.
25. In lieb vnd müterlicher klag
wartt sy irs sunsz am krewcz herab.
26. Er ward geleget auf die erd,
da ward ir schmerczen erst gemert.
27. Sy naygt sich czw jm auf das tuch
vnd nam jn auf ir schosaz hinzwe.
28. Dye haissen czäher sy vergas. [Bl. 61a]
das wunder was, das sie genasz;
29. Wan er ir nye als nahand was
jn allen seinen leyden vor:
30. Darumb der schmercz am grösten was.
wer sy da sach, erparmet das.
31. Mit iren czähern oft vnd dick
feycht sy sein heiligs angesicht.
32. Sy kust jm oft die wunden sein
vnd truckt jn czw ir herczenleich.
33. Der aller ding ain schöpfer was,
der lag ir totter auf der schossz,
34. Durchlochert jm sein hend vnd füessz,
gestochen in sein seyten tyeff.
35. Vnd so gar mit czerrissem leyb:
o muter, gros was da dein layd!
36. Des nem ain yedew muter war.
wie ir sun totter vor ir lag.
37. Wan alle, dye da pey ir warn,
die gunden mit ir mitleyden habm.
38. Maria nicht het so vil hie,
dahin sy jn pegraben hiet.
39. Dar vm, wo sich dy arm hin kert,
da het sy schmerczen, layd vnd wee.
40. Johannes da pesargen gund,
vnd sy verlüer mitsambt den sun.
41. Dar vm sye mit jm eylten vast
vnd nummen jn ir ab der schossz
[Bl. 61b]
42. Vnd westen doch nicht, wo doch hin
den heiligen leichnam grüeben jn.

XXXVIII.
Wie man jn ab dem krewcz nam vnd in das grab legt.

1. Josehff, ain man wie vor genant,
dem gab got in sein hercz zwhant:
2. Das er ihesum trüeg in sein grab.
dem einsprechen gehorsam was.
3. Er lies den totten nach jm tragñ,
gewilckelt ein czw seinem grab.
4. Maria volgt mit schmerczen nach,
pys das sy nach das newe grab.
5. Ir geyst ain wenig wider kam
vnd sagt da josehff grossen danck.
6. Man wolt jn legen in das grab,
den sun dy muter czw ir czoch:

7. 'Erparmbt euch mein, ir frewnt die mein.
   das ich noch sech das angesicht sein!'
8. O sun, ain leben meiner sel,
   aniger trost vnd got, mein herr,
9. Wie läst dw mich in schmerczen hie!
   schaff, das die sterb vnd sey pey dir,
10. Dy dich gepar, herr, czw dem tad.
    schaff, das dy sterb zw dir jns grab!'
11. Hye waech hin der gewunschte tod
    von maria, der muter gotz, [Bl. 62 a]
12. Wie wol sy des von herczen gert
    für alle freyd auf diser erd.
13. Vm dreyerlay si des pegert:
    vor grosser lieb, das ist das erst.
14. Das ander: das geendet het
    mitsambt dem sun ir grosser schmercz.
15. Das dritt: ir sel gefaren wär
    mit jm auch czw der vorhell ab.
16. Vnd das ward ir verlihen nicht;
    gott alle ding czwm pesten schickt.
17. Man legt den toten in das grab
    vnd walczt ain stain darfür, was gros.
18. Maria da peliben wär.
    pys das ir sun erstanden wär.
19. Wan es des nachtz vnczimlich was.
    das ain junckfraw sold sein heruor.
20. Des nam jm auch johannes war,
    dem sy am krewcz pefolhen ward.
21. Er fürt sy wider von dem grab
    mit andern frawen in die stat.

22. O, wie gar oft sach dahin vm
    die muter gotz nach irem sun!
23. Damit fürt sie johannes ein
    als wie dy geliebten muter sein.
24. In seinem haws er sy pehielt
    in aller er vnd aller wird.
25. Hie möcht ain kristenlichew sel [Bl.62b]
    verbundern vnd petrachten mer,
26. Wye das maria vor layd nicht starb.
    des sind drey vrsach, der nymbar:
27. Dy erst was: dy war vrstend sein
    pehielt sy vor des todes pein.
28. Dy ander: das alls menschlichs gschlächt
    durch seinen tod erloset wär.
29. Dy dritt vrsach, dy was dy pest:
    das was der heilig geist, so vest,
30. An den sy nit pestanden wär
    in so vil schmerczen hertter, schwär.
31. Des alles wir ermanen dich
    von ganczem herczen jnnigklich.
32. Du muter der parmherczigkait,
    nun ste vns pey in allem layd!
33. An vnserm strengen, letzten end
    kumb vns czw hilff vnd kum pehend!
34. Erparm dich, muter, vber vns!
    pitt ihesum, deinen liebsten sun,
35. Das er vns wel genädig sein,
    pehutten dort vor aller pein
36. Vnd vnser sünd hie püssen lass.
    parmherczigklichen vns hie straff!

XXXIX.
Wie er abfuer czw der hellen.

1. Nvn sullen wir petrachten gar [Bl. 63a]
   das leyden christi an ain ort.
2. Als nun der herr verschaiden was,
   da fuer sein sel zw der vorhell ab.
3. Als lang er dan lag in dem grab,
   so lang sy pey den vättern war.
4. Mit gwalt er da perawben gund
   die tyefi in der vorhell grunt.
5. Da sahen jn mit schricken an
   die hellenischen legion.
6. Dye torbartten da fragen warn:
   'wer ist, der sölchen gwalt ist
   habm
7. Vnd der so grawsamlich vnd starck
   ist kummen her an alle forcht,
8. Vnd prehet mit schneweyssem schein,
   nicht fürchten ist hie vnser pein?'
9. Wer hat vns ye gesandet mer
   ainn sölchen totten von der welt,
10. Der vnser thörr vnd vnsrew end
    so trüczigklichen wil durchgen,
11. Vns notten vnd auch czwingen wil,
    der vnsern vns perawben wil?

12. Wir sehen hie den pitter nicht,
    der richter da erczayget sich!'
13. 'Vnd wär er schuldig', sprachen sie,
    'fürbar, so küen war er da nicht!
14. Ist er dan got sich hie erczaigt,
    was thut sein leyb dan an dem krewcz?
    [Bl. 63b]
15. Ist er dan mensch vnd kumbt her ein,
    so gar an forcht vnd truczigklcich?
16. Ist er dan warer got vnd mensch,
    we, we wie seinen wir erplent!
17. Durch den also petrogen warn,
    von vnserm gwald nun abgeusln!'
18. Nach sölcher grawsamlicher stim
    richt christus pald den spycz hin jn.
19. Den iren gwalt er jn czerprach
    vnd durch die engel czw jn sprach:
20. 'Ir fürsten, nun erhebet hie
    ewr parten vnd ir ewig thüer!
21. Wan es wirt eingen mit gebalt
    der künig der ern also pald.'
22. Vnd wider das erschallen sie
    mit hertter grawssamlicher stim:

23. 'Wer ist der kunigk hie der ern?'
    die engl gunden antburt gebm:
24. 'Er ist der starck herr in dem streyt,
    der herr der krefften vnd der sterck.
25. Der mächtig herr, künig der ern!'
    nach dem czerprachen da die thör.
26. Der herr gieng in die vorhell ein
    mit vil der engelñ. grossem schein.
27. Dar jnn dan pey fünff thausend iarñ
    ethlich alt väter wartten warñ.

28. Dye wurden da erfreyet gros, [Bl. 64a]
    das ir erlöser kummen was.
29. Vor freyden vyelen auf die knye.
    mit czähraten stimen sprachen sie:
30. 'O dw. pegierlichister herr,
    pistu nun czw vns kummen herr?
31. Gestigen czw den hellen ab,
    des wir hie lang gepyten habm.
32. Nicht mer hinfüran von vns sey,
    so dw wirst faren in dein reich!'

Hye hernach volgen ethlich geistlich [Bl. 65a] lieder, doch in weltlichen weysen. Von ainem grossen sünder. Darauf auch wol ander sünder mügen merken vnd sich pessern. Von erst, wie er oft ward innbenig ermant, aufczwsten von dem schlaff, das ist von den sünden. wye hernach stet etc.

XL.
Wach auf, dw sünder, schwacher man!

Wach auf, dw sün-der, schwa-cher man! Dw hast dich ser

ver - schlaf - fen, Dein sel musz zw der hell ab-gan:

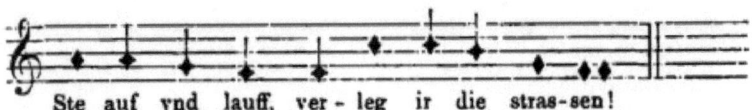

Ste auf vnd lauff, ver - leg ir die stras-sen!

1. Wach auf, dw sünder, schwacher man!
   dw hast dich ser verschlaffen,
   Dein sel musz zw der hell ab gan:
   ste auf vnd lauff, verleg ir die strassen!
   [Bl. 65b]
2. Wach auf, dw sünder, nym dein war!
   das gut hast dw verschlaffen,
   Ste auf vnd eyl jm hinden nach,
   ob es dir noch möcht widerfaren!
3. Wach auf! die nacht schleicht her
                            auf dich,
   den tag hastu verschlaffen,
   Dein veint die streyten wider dich;
   ste auf vnd leg an dich die waffen!

4. Wach auf zw got! dw kumbst in not,
   das süess wirt dir noch sawrre.
   Was ligstu hie in disem kot?
   ste auf, geleich dich nicht den sawen!
5. Ste auf, gelaub vnd nicht verczag!
   das gut mag dir noch werden
   Von dem, der alle ding vermag:
   ste auf vnd lauff, erczaig dich dem herren!
6. Der herr ist mild vnd gütig gar,
   er weist dich auf die strassen.
   Lassz varen allew andre hab!
   er wirt dich warlich nicht verlassen.

7. Dar vm ker wider, nicht verczag!
er ist das ewig leben.
Lasxz varen alle andre hab, [Bl. 66a
er wil sich dir noch wider geben.
8. Dar vm so kum, versawm dich nicht,
val nyder für den herren!
Wan er so gar parmherczig ist,
das er sich nicht mag von dir keren.
9. Dar vm so schrey, mit nichte feyr,
dasz in die himel klinge!
alle himlisch her das stet dir pey,
Maria, dy rain küniginne.
10. O sünder, last dir grausen nicht!
dw must hie sein verwegen.
zw got hab starcke zwuersich
wildw pesiczen ewigs leben!
11. Hab rew vnd laid, peicht vud würck puess!
got wil dich jm versehen,
als ainen frewnt haben in huet,
den er gar laug nicht hat gesehen.
12. Des frey dich, armer sünder hie,
ker wider zw dem herren!
wan er dich hat noch also lieb,
das er dir hat so laug vbersehen.
13. Dar vm ker wider, thue das schier,
vnd wart nicht auf das ende!
das vrtail fürst alczeyt mit dir,
das dir wirt sein dan also strenge.
14. Gedenck dar an vnd lasz davon.
gedenck dein armes leben! [Bl. 66b]
dein sel musz zw der hell ab gan,
wildw dich hye des nicht verbegen.
15. Doch sünder, so verczweyfel nicht!
magst dw der sünd nicht lassen,
schrey auf zw got, des nicht vergys!
er wirt dich warlich nicht verlassen.
16. Ja pistu aber also frey
des höchsten gutz vergessen,
so merck dw warlichen dapey,
das dich verdampnüsz hat pesessen.
17. Des thue erschricken da dein hercz,
ste auf, schlach in dich selber,
vnd last dir das nit sein ain scherez,
thue dich gen got dem herren melden!
18. Ste auf vnd eyl, ker dich czw got,
gedenck der seinen güte,
der dich nye lies in kainer not!
ste auf vnd danck jm seiner gütte!

19. Den tod des sünders nicht pegert,
nur das er sich pekere
vnd widerumb sein diener werd,
jn gutem willen zw jm kere.
20. Dar vm so kum, gefangner man!
er löst dich aus den panden:
siecht er dich diemütigen stan,
er schait dich warlich nicht von dannen.
21. Nym an dich sölchen vesten mut, [Bl. 67a]
schut ausz den alten menschen,
vernew dich, als der fenix thuet,
so wirt dich got warlich erkennen.
22. Chum, kum, kum vnd versawm dich nicht!
das tor ist dir noch offen,
süch dir kaynn auszezug falscher list,
das dir das nicht werd gar verschlossen!
23. Rüff an die liebsten muter sein.
dy wirt dich nicht verlassen,
vnd all sein heiling auch dapey!
damit wirstu die sünd hie lassen.
24. Ob das hinfür verczogen würd,
dar vm solt nicht verczagen.
als oft ste auf, schrey für vnd für!
Got wais die stund mit seinen genaden.
25. Pistu erstanden von dem tod,
der herr dich hat erhoret,
pys dauckpar, lob vnd er jm sag,
dye weil dw lebest hie auf erden!
26. Siech nicht mer vm, wer nach dir kum,
pys stät an guttem leben,
pys an dein end peleyb dw frum!
ewigew freyd wirt dir gegeben.
27. Des hilff vns got, du ewigs gut.
thue vns zw dir aufczihen!
dw pist allain, der vns pehüet;
hilff vns, das wir die sünd hie flihen!
[Bl. 67b]
28. Siech an den armen sünder hie,
der jm nicht mag gehelffen!
erlösz jn aus den panden schier,
chum, herr, vnd hilf jm, ee er sterbe!
29. Dein leiden an jm nicht verlewsz
vnd dein gar pitters sterben,
dein parmherczigkait jm auf schleusz
vnd ju nicht lass dort, herr, verderben!

Die Melodie steht in der alten lydischen Tonart und papt mit ihrem strengen, eindringlichen Charakter besser zum Text, als wenn man sie durch Vorzeichnung eines b in das Ionische transponiren würde. Den weltlichen Text zu dieser Melodie habe ich nicht ausfindig machen können.

Die Verszeilen sind bei diesem Liede überall abgesetzt. Bis zur achten Strophe ist der Anfangsbuchstabe der dritten Zeile roth gezeichnet. Von der neunten Strophe an unterbleibt dieses.

XLI.

Der sünder schlief hinbider vnd ward mer erwecket.

Stand auf, dw armer sünder!

Stand auf, dw ar-mer sün-der! es ist wol an der czeyt; Ich fürcht, dw hast ver-schlaf-fen die hi-me-li-schen freyd.

1. 'Stand auf, dw armer sünder!
es ist wol an der czeyt;
Ich fürcht, dw hast verschlaffen
die himelischen freyd.'
2. O, hab ich dan verschlaffen [Bl. 68a]
die himelischen freyd,
von got wird ich verlassen,
den posen veint zwtail.
3. 'Ste auf, dw armer sünder!
dw hast geschlaffen lang;
wan dw macht hart entrinnen
der hellenischen flam.'
4. O, mag ich hart entrinnen
dem hellenischen wee,
wo thet ich hin mein synne!
we meiner armen sel!
5. 'Dw hast geschlaffen sere
vil lange czeyt vnd weyl,
verloren hie dein sele,
dw armer, träger leyb!'
6. Hab ich mein sel verloren,
verschlaffen dort ir freyd,
O we irs grossen schaden
vnd meines posen leybs!
7. 'Stand auf, prauch noch dein synne!
der herr ist noch hie.
wild dw der hell entrinnen,
er wirt noch gnädig dir.'
8. Ich fürcht, ich hab verschlaffen
den herren vnd mein sel,
er werd mich nun verlassen,
pehüten nymermer. [Bl. 68b]
9. 'Stand auf vnd schaw, pys munter!
der herr, der wart noch dein,

er wil sich lassen vinden,
ob dw noch sein wild sein.'
10. O ia, von ganczem herczen
wolt ich der sein gern sein.
wo er nicht ist, ist schmerczen
vnd alle helle pein.
11. O, das ich armer sünder
so lang geschlaffen hab!
nun wart ich nye recht münter
in dreysick iaren czwar.
12. Das klag ich an mein ende,
O dw, mein sel. mit mir,
das ich vns hab versencket,
versencket ab, so tieff!
13. Wol auf. mein sel, mit layde!
der herr, der ist noch hie,
ob er vns noch wolt hailen,
nicht mer ich ker von dir.
14. O got. dw ewigs leben,
des auserbelten freyd.
parmherczig czwuergeben,
mir armen hie verczeich!
15. Schick mich nicht auf die strassen
der hellenischen vart,
vm das ich hab verschlaffen [Bl. 69a]
manigen sälgen tag!
16. Siech an den gar vil armen,
an dich verdarben gar,
thue dich sein noch erparmen,
nym jn noch an dein schar!
17. Wan all mein sünd mich rewen
ausz ganczem herczen grunt,
hilff, das ich mich vernewe
von tag zw tag. all stund!

Die Melodie steht in der hypomixolydischen Tonart, in der f charakteristischer Ton ist, also nicht in fis verwandelt werden darf. An einer Stelle mußte wegen des Tritonus b statt h genommen werden. Wollte man der ganzen Melodie ein b vorschreiben, so würde sie dadurch in die hypodorische Tonart versetzt werden, die, wie mir scheint, dem Texte wenig angemessen ist.

XLII.

Hie ward der sünder vermant, er solt dy welt verlassen vnd sich ducken vnd schmucken, wie hernach stet.

Nun schmuck dich, sünder, schmuck dich!

1. 'Nun schmuck dich, sünder, schmuck dich.
   von aller welt nun duck dich!
   Offen stet das himel tor, [Bl. 69 b]
   duck dich hie, so kumbst dw dar.'
2. Nun pin ich noch ain thummer man;
   hart ich mich noch ducken kan.
   Dye rosen vnd die plüemelein
   erfreyen mir das hercze mein.
3. 'Nun duck dich, sünder, duck dich.
   der tod, der kumbt vnd czuckt dich.
   Dye rosen vnd die plüemelein
   verliesen alle iren schein.'
4. Was ist, das mich thuet wecken,
   von meinen freyden schrecken?
   Wan ducken, schmucken ist ain pein
   vnd krencket mir das hercze mein.
5. 'Nun duck dich, sünder, duck dich!
   schaw vm vnd vm vnd schmuck dich!
   Dw kumb[s]t her von dem erterreich
   vnd wirst dem widerun geleich!'
6. Sol ich mich dan verwegen [Bl. 70 a]
   der freyden vnd des lebens
   Vnd auf erd mich naygen
   vnd schayden ab der haiden!
7. 'Nun duck dich, sünder, duck dich,
   volg mir nach vnd schmuck dich.
   Lass varen disew rosenhaid
   vnd ewigklich pey mir peleib!'
8. Nun schaiden ab der haiden
   vnd ewigklich peleyben!
   O ewigklich peleiben,
   ich schaid mich ab der haiden!
9. 'Nun duck dich sünder, duck dich
   jn mein leyden schmuck dich!
   Offen stet das himel thor;
   duck [dich] hie, so kumbstu dar!'
10. Was ist die stim, die in mir hilt,
    so gütigkleichen vnd so mild
    Verhaisset mir das ewig lebñ?
    ich wil der haid gantz vrlaub gebñ.
11. 'Nun duck dich, sünder, nicht verczag!
    ich wil dirs trewlich helffen tragn.
    Mein leiden wirt dein trost hie sein,
    das wirt dir ringern all dein pein!'
12. O waffen, ihesu, waffen!
    wie lang hab ich geschlaffen?
    Der tag ist mer dan halber hin;
    o we meins grossen vngebings [Bl.70 b]

13. O ihesu. dw pehalte r' mein,
nun lass mich dir pefolhen sein
Vnd schick mich in das lobe dein
hie vnd dort, auch ewigkleich!
14. Ir jungen vnd ir alten,
die in den raien walden,

Versawmbt euch an den dingen nicht,
trett pald zw got mit zwuersicht!
15. Das sey also gesungen
den klainen vnd den jungen,
Vnd das sie lernen pey der czeyt
die rayen ewiger säligkait.

Die Melodie gehört der lydischen Tonart an. Das Versmaß ist, weil die Zahl der Senkungen sehr wechselt, veränderlich Das Schema ist folgendes ⌣ − ⌣ − ⌣ − ⌣ − *(viermal). In der ersten Strophe Zeile 1 und 2 ist die letzte Senkung ausgefallen, in Zeile 3 und 4 die erste (der Auftakt). In der Melodie ist darauf Rücksicht genommen.*

XLIII.

Wye der ausser vnd jnder mensch mit einander lebten, das ist dy vernunft vnd dy sindlickait in dem sünder. Der ausser mensch wil wol hie essen vnd trincken, rue haben. Der jnder wolt gern dort rue haben vnd der ausser mensch hebt an:

Wol auf, mein sel, gehab dich wol!

Wol auf, mein sel, ge-hab dich wol! Wir wel-len vns

er - ge - czen wol; Frey dich mit mir an traw - ren!

1. Wol auf, mein sel, gehab dich wol!
wir wellen vns ergeczen wol; [Bl. 71a']
frey dich mit mir an trawren!
2. 'Wo wild du mich hin füeren doch?
die hell ist tieff, der himel hoch.
pedenck dich, mein goselle!'
3. Wol auf mit mir! wir wellen gan;
geczieret ist der haiden plan
mit pluemen vnd mit rosen.
4. 'Gesel der mein, es pringt vns pein:
volg mir, pleib hie, für mich nit ein.
für mich nicht ein jn leiden!'
5. Warumb, mein sel, petruebest dich?
wol auf mit mir, nicht laidig mich,
lass vns ain weil ermayen!
6. 'O we vns armen deines gangs!
dw czuntest an der hellen flam.
volg mir, pleib hie, gesselle!'
7. O dw, mein sel, es ist zw schwär.
solt ich sein hie an freyd so lär, [Bl. 71b'
ja ee czeyt müst ich sterben.

8. 'Gesel der mein, dw stirbest nicht,
allain dw lebes ewigklich:
schaid ab von disen freyden!'
9. So ich mich nun von disen schaid,
was musz hinfür dan sein mein freyd.
ich armer hie auf erden!
10. 'Gehab dich wol vnd nicht verczag!
der herr, der dich peschaffen hat,
wirt sein dein freyd an ende.'
11. O dw, mein sel, ich wol erken,
das got ist mild vnd auch gar streng.
o we mir, armen sünder!
12. 'Gesel der mein, volg meinen rat.
hab got vor augen frue vnd spat!
der wirt dich nicht verlassen.'
13. O dw mein sel, we thuet die pein,
als wie der tod dem meinem leib:
von dir ich nicht gern schaide.
14. 'Gesel, der mein, wan es musz sein,
leid hie oder dort die strengen pein,
volg mir, leyd hie ain weyle!'

15. Nun wolt ich leyden, wie das wär;
 allain die pein ist mir zw schwär.
 halt rast, mein sel, getrewe!

16. 'Gesel der mein, wan ich pin dein,
 got mich dir gab hie in dein schrein.
 [Bl. 72a,]
 nun hut mein wol, geselle!'

17. O dw mein sel, nun pin ich kranck.
 ain kurczew pein ist mir als langk:
 o we, mir armen sünder!

18. 'Gesel, der mein, verlewstu mich,
 am jungsten tag verlewst auch dich
 vnd ewigkleich verdarben.'

19. O dw, mein sel, da schreckest mich:
 ich wil dir volgen ewigklich.
 got mir sein gnad mittaille!

20. Der vns das lyed von erst hie sang,
 ain grosser sünder ist genand:
 genad jm got, der herre.

21. Er singt vns das, vil andrew mer.
 ain yeder mensch pebar sein sel,
 pebar sein sel mit trewen!

Die Melodie ist hypoionisch, daher muß ihr ein ♭ vorgezeichnet werden. Die Anfangszeile hat Ähnlichkeit mit Nr. XLV.

XLIV.

Mer ward der sünder ermant, vnd er solt dauon lassen, wan er lebt nach seinen glüsten, aus ainer freyd in die ander nach der welt lauff.

Wohin, wohin? ker wider vmb!

1. 'Wohin, wohin? ker widerumb!
 dw pist nicht auf der strassen; [Bl. 72b]
 Der weg der fürt dich ier vnd vm
 hin zw der hellen parten.'

2. Nun ist er doch so kurz beylig
 vnd lustig meinem herczen;
 So ich den ge, erfrey ich mich
 mit schimpffen vnd mit scherczen.

3. 'Das siech ich wol, das dw pist vol
 mit freyden vberladen;
 Es kumbt die stunt, das dw wirst wol
 mit trawren also klagen!'

4. Nun frewnt der mein. was mag das
 sein?
 ist vnfrid in den landen?
 Ich ker mich widerumb pey czeyt, [Bl.73a]
 das ich nit werd gefangen.

5. 'Cher wider schier, das rat ich dir,
 ee dw wirst hin vercznicket!
 Den grosten veint fürstu mit dir,
 hat sich zw dir geschmucket!'

6. Wie ist dan mir? ich jn nicht siech;
 wie musz ich jn erkennen?
 Wen ich hie siech, der liebet mir;
 nun gib mir jn czerkennen!

7. 'Nun pisz ain man vnd greyff an,
 ich main dein aygnen leibe!
 Vil vbels hat er dir gethan,
 mit ruoten solt jn straichen!'

8. Das thuet mir we; rat mir noch mer.
 das ich jn vberbinde!
 Mich selber straffen also ser?
 rat mir ain wenig linder!

9. 'Ich sag dir das: nur pint jn pas,
   das er dir nicht entrinne!
   Wan er hat lieb, das jm da schat:
   prauch recht mit jm dein synne!'
10. Als ich verste,   so ist er der,
    der mich da thut verfuren.
    Vnd thät es jm noch ains als we.
    ich wil jn anderst schnüeren.
11. 'Wild sein pehut,   nym jm den mut,
    lasz jn nicht ob dir herschen! [Bl. 73 b]
    Er pracht dich um das ewig gut
    jn pein, ach, we vnd schmerczen.
12. So ich das thue, noch kumbst dar zw,
    das er mich vberbindet.

    Ich fürch, ich geb jm vil zenueg,
    das ich musz sein da hinden.
13. 'Ich rat dir mer: volg meiner ler,
    verpint jm seinew augen!
    Ain eysznein hunt   für seinen mund,
    die welt nicht mer anschawen.'
14. Nun das musz sein; dw frewnt der mein,
    ich danck dir deiner lere.
    Er pracht mich in die ewig pein,
    erloset nymmermere.
15. 'Woldan, nur dran,   dw must hinan,
    ain andre hawt versuchen.
    Ich hab dein lang genug geschant,
    dein lan get mit verfluechen!'

Die Melodie steht in der dorischen Tonart.

XLV.

Hie fragt jn sein gewissen, was er doch da thue, er solt den dingen widersten.

Was thustu, sünder, hie?

1. Was thustu, sünder, hie? nun siech,
   fleuch, fleuch, eyl vnd eyl! [Bl. 74a.
   Der wollust hie, der liebet dir.
   Fleuch, fleuch, eyl vnd eyl.
   das dich der tod nit vbereyl!
2. Schaw vm vnd vm der welte lauff,
   fleuch etc.
   Auf disen grunt paw dir kain haws!
   Fleuch.
3. Leg an die waffen dises streytz!
   Dein veint die streyten wider streyt.
4. Czain auf dein pfard, reytt das in huet.
   Lass jm nicht mer den seinen mut!
5. Thue dich pewarn, zayg jm die sparn!
   Wan deiner veint ist vil da vorn. [Bl. 74b]
6. Ffleuch ewig schant, reyt ausz dem land,
   Mach dich erkant   jn obern land!

7. Rüeff auf zw got! des wirt dir not,
   Der wirt dir helfen ausz der not.
8. Pys frisch vnd kechk, das gmüt erbeck,
   Die fewl iag wegk, dein veint erschreck!
9. Pys vest vnd stät! der wint der wät,
   Nur für vnd für das mer sich plät.
10. Nur lass nit ab   pey nacht vnd tag.
    All deinen veinten widersag!
11. Der stat eyl zwe! da vintz dw rue
    Vnd ewigs leben, freyd genueg.
12. Hilff herr, mein got,   ausz aller not,
    hilf, hilf, es ist spat!
    Nach disem leben kumbt der tod.
    hilf, hilf, es thuet not!
    mein veint, die wellen mir den tod.

Wenn man der Melodie ein ♭ vorzeichnet, so steht sie in der hypoionischen Tonart und ist dann sehr ansprechend. Sie hat Ähnlichkeit mit der Singweise zu dem Liede »Es liegt ein Schloß in Oesterreich«. Vgl. Böhme, Altdeutsches Liederbuch 1877, Nr. 27 und Erk-Böhme, Deutscher Liederhort 1893 I. Nr. 61.

XLVI.
Hie weckten die prediger den sünder.
Wolauf, wir wellens wecken!

1. Wol auf, wir wellens wecken!
   es ist wol an der czeyt, [Bl. 75 a]
   den sünder auf erschrecken,
   wo er in sünden leyt.
2. Wir wellen jm vorsingen
   vnd sagen herttigkait;
   sein sel, dy musz dort prinnen
   vnd leyden ewigkleich.
3. Wir wellen jn vmgeben,
   verlegen steyg vnd strass,

zw pesrung hie seins lebens,
vnd von den sünden lass.
4. Wir wellen jm für legen
   die herttigkeit der pein,
   das ewig leben geben,
   ob er der sünt wirt frey.
5. Sein hercz jm wellen machen,
   zwstoren hie die freyd,
   vor lieb vnd layd mus krachen:
   wol auf, wir haben ezeyt.

Die Melodie gehört einem weltlichen Liede gleichen Anfanges an, welches Böhme in seinem Altdeutschen Liederbuche 1877, Nr. 112 und im II. Bande des Liederhortes Nr. 803 nach Ott's Liederbuch 1534, Nr. 92 mittheilt. Sie ist ursprünglich dorisch. Auch in der genannten späteren Quelle findet sich das ♭ nur an der Stelle, wo es auch in unserer Handschrift steht. Zeichnet man der Singweise überhaupt ein ♭ vor, so wird sie ansprechender für unsere Ohren. Ueber die geistliche Umbildung des Liedes mit veränderter Melodie »Wolts auff, wir wollen ins lesen, gut lesen ist an der zeit« in Corner's Gesangbuch (1625, 1631) vergleiche Bäumker, Das kath. deutsche Kirchenlied I (1886), Nr. 311.

XLVII.
Der sünder, der sünder.

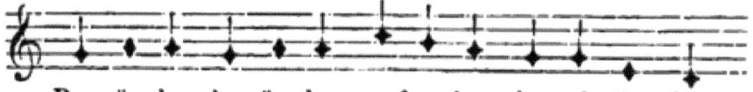

— 46 —

Der ist ver-damp-net e-wigk-leich, Als vns die hei-lig

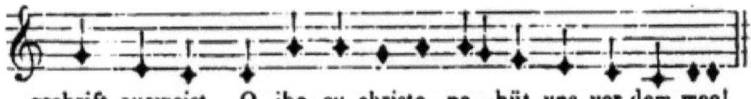
gschrift ausweist. O ihe-su christe, pe—hüt vns vor dem wee!

1. Der sünder, der sünder, erfunden in todsünden, [Bl. 75 b,
 Der ist verdampnet ewigkleich,
 Als vns die heilig gschrift ausweist.
 O ihesu christe, pehüt vns vor dem wee!

2. Dye dieß, die tieß, die werden sein sein kurczweil.
 O we des iämerlichen spils!
 Ir stim ist grym, ir angesicht wild.
 O ihesu christe, pehüt vns vor dem we!

3. Sein augen, sein augen got nymmer anschawen. [Bl. 76a,
 O schmerczen, herczenliches laid,
 Was wee vnd iamer mag das sein!
 O ihesu etc.

4. Sein oren, sein oren nichtz anders werden horen
 Dan wainen, klagen, iamer, not,
 Fluchen, schelten auf zw got.
 O ihesu etc.

5. Sein speise, sein speyse der ewig tod wirt seine!
 Den durst jm nyemantz leschen kan.
 Wan er von got ist abgethan.
 O ihesu etc.

6. Sein riechen, sein riechen macht jm dort ewigs siechen:
 Wan aller vnflat wand jm pey,
 Dye ewig armut ist jm frey.
 O ihesu etc.

7. Sein greyffen, sein greyffen wirt auch sein pein pegreyffen.
 We das er ye geparen ward,

 Der dort hin kumbt an disew stat!
 O ihesu etc.

8. Sein pette, sein pette wirt sein hays, kalt vnd hertte,
 Die flammen dar vmb durch vnd auf,
 So ist dan alle freyd hie ausz!
 O ihesu etc.

9. Sein schöne, sein schöne wirt dort so gar erzergene,
 Dem posen geist wird er geleich,
 Der ju wirt marterñ ewigkleich.
 O ihesu etc.

10. Sein stercke, sein stercke sol auch hie ainer mercken. [Bl. 76 b
 Aines dort nicht als vil vermag,
 Sich ainer muck erberen mag.
 O ihesu etc.

11. Nun sünder, nun sünder, nun schaw hie auf, pis münder!
 Wildw des iamers vber sein?
 Ain ye sünt ir sundrew pein!
 O ihesu etc.

12. Das sterben, das sterben wirt ewigklich dort werden.
 O armer mensch, gedenck daran,
 Lass von den sünden, rüff got an!
 O ihesu etc.

13. Ir leyden, ir leiden kan nyemantz ausgeschreiben
 Dan got, der sie peschaffen.
 Pehüt vns dort vor solcher not!
 O ihesu christe, pehüt vns vor dem wee!

Die Singweise ist dorisch; welchem weltlichen Liede sie angehört, habe ich nicht ausfindig machen können.

XLVIII.

Mer ward der sünder vermand vnd er hies dy vermanung seinen frewnt, wie hernach stet:

O sünder, wie.

O sün-der, wie, wes wartz dw hie? o we
Vnd leb-stu noch vnd pist doch tod? wie main-

dort dir, ker wi-der-umb, vil ar-mer!
stu doch, ob er sich werd er-par-men?

Ja für-bar, ich dir das sag, al-lain lass ab, er

dein nit mag, nur ab vnd ab, ab, ab.

1. 'O sünder, wie,
wes wartz dw hie?
o we dort dir. Bl. 77 a'
ker widerumb, vil armer!
Vnd lebstu noch
vnd pist doch tod?
wie mainstu doch,
ob er sich werd erparmen?
Ja fürbar, ich dir das sag,
allain lass ab,
er dein nit mag,
nur ab vnd ab. Bl. 77 b.]
ab, ab.'

2. Nicht, frewnt der mein,
trost mich allain
ju meiner pein!
ich mag die ding nit hassen,
ich hab versuecht
oft dick genug;
nun rat darezw,
das ich die sünt müg lassen!

O was not ist disew not!
verliesen got,
das ist der tod,
ich musz hinab,
ab, ab.

3. 'Nicht, nicht also,
seez hie dein klag
nur auf ezw got
mit diemuetigen siten!
Mit rew vnd laid
auf zw jm schrey!
er stet dir pey,
o dw jn wirst schon pitten.
Nur vertraw, verezweyfl nicht,
hab ezwuersicht!
er läst dich nicht,
dich zw jm schickt
der herre.'

4. O frewnt der mein,
we thuet die pein,
ja, es musz sein,
ich musz mich ains verbegen.

* Bei der Wiederholung heißt die Anfangsnote *g*.

— 48 —

Das ich hie suech.	wie schwach vnd kranck
pringt mir den fluech,	pistu in disem streyte! [Bl. 78a]
nymbt mir dar zwe	Nun sieeh den an,
jn ener welt das leben.	der vm dich kam
O so ich das waiss so wol,	ausz seinem tron
das ich nit sol,	mit seinem pitternn leyden!
das liebt mir wol	Ja, der dich genummen hat
vnd ist doch vol.	dem ewigen tod.
vol schmerczen.	dich zw jm pracht.
5. 'O armer man,	schweyg, leid vnd harr,
nun greyf dich an,	harr, harr!'

Die ionische Melodie ist wol einem Tanzliede entnommen. Sie hat, wie der Text, drei Theile: den Aufgesang mit seinen beiden Stollen und den Abgesang.

XLIX.

Hie klagt sich der geuangen arm sünder, verknüpft vnd verczogen [Bl. 78b] in den stricken der sünt, dar durch er het verlorn den herren.

Ich klag mich armen sünder.

1. Ich klag mich armen sünder
   jn meinen schwären pünden;
   Von got bin ich geschaiden.
   o we meins herczen laydes!
2. O, wo sol ich hinkeren!
   an mir tregt schwär die erden,
   Der himel ist mir verschlossen,
   dy hell dy stet mir offen.
3. O we, ich arme creatur, [Bl. 79a]
   wie gar pin ich erarmet nun!
   Wan got thuet mich nun hassen,
   mein engl mich verlassen.
4. Mein veint mich haben vberbunden,
   mit siben stricken gepunden:
   Wie sol ich jn entrinnen!
   hilff, maria kuniginne!
5. Mein veint sich mein erfreyen,
   das ich von got pin geschaiden:
   O we mir armen sünder!
   wie sol ich sie vberwinden!
6. Wan ich mein veint thue flihen,
   hinbyder sie mich czihen
   Vnd an die strick mer sailen
   vnd pringen mich von meinem hailer.
7. Mein veint auf mich nicht schlaffen.
   verlegen mir all strassen,
   Des ich nun pin gefangen.
   hilff, maria, mir von dannen!
8. Siech an, fraw, mein gross wunden
   pys in den tod gepunden!
   Mein veint mich haben getroffen
   mit stralen, tyeff geschossen.

9. O muter der parmhercsigkait,
   ich fleuch zw dir in meinen laid,
   Ich hab verloren gottes hulde
   vm mein gar grossew schulde.
10. Gedenck mein, muter, künigin, [Bl. 79b]
    mit dein gepet vor deinem kind,
    Pepbilch mich in sein leyden,
    von jm nicht werd geschaiden!
11. Erparm dich, ihesu, vber mich!
    gen dir so gib ich schuldig mich.
    Vnd durch dein pitters sterben
    lass das an mir nicht verderben!

12. Got vater in der ewigkait,
    nun all mein sünt, die seind mir layd:
    Thue dich noch, vater, erparmen
    vber mich sünder vil armen!
13. Wan, vater, durch mein schulde
    hab ich verlorn dein hulde,
    Gen dir ich mich erkenne:
    hilff mir des lebens ain ende!
14. Vnd pit dich durch dein güte,
    lass mich mein sünd hie püssen,
    So du mich hast peschaffen,
    mich ewigkleich nicht verlasse!

Die Melodie steht in der mixolydischen Tonart.
Das folgende Blatt 80 ist verkehrt eingeklebt und gehört vor das Blatt 100.
Das Lied, welches auf demselben steht:

XLIX^a.
Wo ausz musz ich hinkeren?
suche unter Nr. LIX^a.

L.

Mer ward der sünder ser petrübt vnd klagt sein gar armes verdämpliches leben, wan jn die gewanheit nicht wolt auflassen, so getorst er auch nicht wol mer zw dem herren schreyen, vmb das er jm [Bl. 114b]* oft het verhaissen, er wolt es nymmer thain vnd viel doch oft hinbider, vnd hueb an czw klagen vnd schreien,
wie hernach stet:

Ich schrey vnd rüeff auf erden.

* Das spätere Blatt 114 gehört hieher.

1. Ich schrey vnd rüeff auf erden,
   all sünder horen czwe:
   Ich pin verwayset sere
   an leib vnd auch an sele!
   wo wird ich haben rue?
2. Mein sel thuet auf mich klagen
   vnd schreyen auf zw got.
   Sy well mir nicht vertragen,
   die schuld mit ir müss czalen,
   so nun die czeyt da kumbt.
3. Das get mir nun zw herczen. [Bl. 61a.*
   o we hie meiner freyd,
   die mir nichtz pringt dan schmerczen!
   Was ist mein schimpf vnd scherczen,
   warumb was ich so frey?
4. Mein sel hab ich gefüeret,
   gegeben ab zw grunt,
   mich oft vnd dick verirret
   Vnd ab dem weg gefüeret,
   gefallen ab zw grunt.
5. Vnd haben nun verloren
   das leben ewigkleich,
   ob sich nicht wirt erparmen,
   Der vns da thet erarmen,
   wir sterben ewigkleich.
6. O wie musz ich jn süechen,
   der mir gehelfen mag!
   ich heb nun an zw siechen,
   Mein wunden faulen, riechen,
   wan ich des artz nicht hab.
7. O wie musz ich jn vinden,
   der mir mein wunden hail?
   mir ratten all mein synne
   Zw ainer küniginne,
   der ich da klag mein layd.**
8. Damit so thue ich rüffen
   vnd schreyen czw ir dar:
   o künigin, mild süssew. [Bl. 81b.
   Ich val hier für dein füesse,
   siech an mein wunden gross!
9. Erczaig dich mir in nöten,
   dw himelische fraw,
   das ich nicht werd getöttet
   So iamerleich erstoret
   mit leib vnd sel hinab!
10. Zw dir ist mir geraten,
    wan dw gebeltig pist;
    des himelischen arczte
    Des muter pist vnd warste,
    ee dw geparen pist.
11. Ich lig und pin gefallen
    pys in den töd verbund,
    wan mir hat lang gefallen
    Der welt wollust zwmale:
    hilf, das ich werd gesunt!

In der person marie.

12. 'Wer ist, der zw mir schreyet
    vnd nicht wil lassen ab?
    der von mir ist geschaiden,
    Von meines sunes leyden,
    der weich von mir hinab.'
13. Nicht, muter gottes herren,
    ich pins, ain sünder gros,
    vnd wil mich zw dir keren;
    Zw ihesu, meinem herren,
    nicht schaid mich von dir ab!
14. 'Weich ab von meinen augen! [Bl. 82a.
    mein hilff verr ich von dir;
    dw liebest ander frawen,
    Da ich dir gie vor augen,
    dar vnb weich ab von mir!'
15. Nicht, muter der genaden!
    geschriben ist von dir,
    die sünder thue enplahen,
    Parmhereziglich pegnaden,
    nicht schaid sie ab von dir!
16. 'Was thuet dich zw mir dringen,
    vnstät in deinem gmüet?
    die not an lieb dich czwinget
    Zw mir vnd meinem kinde.
    dar vmb schaid ab von mir!'

Der sünder.

17. Ja, muter, ich erkenne
    an mir vnstätigkait.
    o, pys mir nicht so strenge,
    Raich mir der genaden hende,
    hilff mir ausz disem laid!
18. 'Vil gutz ist dir geschehen
    vnd auch vermanung vil,
    das must dw selb veriehen,
    Gehört vnd auch gesehen
    von mir vnd meinem kind.'
19. Des danck ich dir von herczen [Bl. 82b.
    dw parmherezigew fraw,
    hilf mir von disem schmerczen,
    Zw ihesu, meinem herren,
    des ich dir, fraw, vertraw!
20. 'Wye sol ich dich erhören,
    so dw ain sölcher pist?
    wan dw mir thetz ezerstören,
    Dye meinen von mir verren,
    dar vmb weich ab für dich!'
21. Von dir thue ich nit weichen,
    der armen sünder trost,
    vnd solt ich dar vm leyden,
    Das ewig leben meyden.
    von dir schaid ich nicht ab.

* Bl. 61 bringt die Fortsetzung. Bl. 80 gehört vor Bl. 100.
** H.: layl.

22. 'Wie sol ich dich erhören
    gen meinem lieben kind?
    sein pluet thet er verreren
    Vnd dich so hert erlösen,
    des dw vndanckpär pist.'
23. Ja, fraw, ich das erkenne
    gen dir vnd deinem kind.
    der hat zerichten strenge,
    Wo er hin wil mich senden,
    des ich gehorsam pin.
24. Vnd ob ich dan musz schaiden
    von dir vnd deinem kind
    hin in das pitter leyden, [Bl. 83a]
    Da ich dan musz peleyben,
    mein schuld das vrtail gibt.
25. Vnd wil dar vm nicht lassen,
    dich loben an mein endt,
    pys zw der hellen parten,
    Da ich dich dan musz lassen,
    da hat das lob ain end.
26. Vnd wil mich also nyetten
    hie dein vnd deines kintz
    vnd fallen für sein füesse
    Für dich auch, muter süesse,
    dw edlew künigin.
27. Vnd danck dir der genaden
    vnd ihesu, deines kintz,
    vmb aller güt vnd gaben,
    Vnd ich wil nicht verczagen,
    so lang ich schaid von hynn.
28. Wan alle ding dich loben
    ju himeln vnd in erd.
    dw pist ain fraw dar oben:
    O sicch herab von oben
    zw vns auf disew erd!
29. So wirstu auch genennet
    die parmherczigist fraw.
    wie möcht ich das erkennen,
    So dw mir wärst so strenge?
    ich hoff zw dir vnd traw. [Bl. 83b]
30. Vnd pist dar czw geporen
    gantz rain auf disew erd,
    vnd muter gotes warden,
    Vmb das da ward verlaren
    der sünder hie auf erd.
31. Des pin ich dich ermanen.
    pitt noch dein kind für mich,
    das er durch seinen namen,
    Als er herab dan kame,
    erparme vber mich!
32. So wil ich mich ergeben
    warlich in stättigkait,
    zw pessern hie mein leben,
    Mit hilff ain krewcz aufheben,
    das tragen stätigkleich.

33. Des ste für mich zw pargen,
    dw himelkünigin!
    wan du hast oft erbarben
    Den sündern ausz den sargen.
    pit noch für mich dein kind!

Maria.
34. 'Seind dw mich thuest ermanen
    so hoch mit meinen kind
    vnd an rüffst seinen namen,
    In sölcher mainung kommen,
    mein kind erhöret dich.
35. 'So hab hinfür des vleysse, [Bl. 84a]
    jm dienen stätigkleich;
    wes dw wirst vnderweyset
    Von got, dem heiligen geiste,
    das halt vnd stät peleyb!
36. 'Thue dich der genaden nicht weren,
    volg nach den dienern mein
    vnd schick hie recht dein leben,
    Dein czeit also vercxeren
    zw lob dem kinde mein!
37. 'Pys danckpär seines leidens
    vnd ander guttat vil,
    die er dir hat peweyset,
    Vnd all dein wunden hailet,
    zw dem hab erwuersicht!'

Der sünder.
38. O muter der genaden
    vnd himelkünigin,
    o junckfraw, raine maget,
    In huet mich alczeyt habe!
    wan kranck vnd schwach pin ich.
39. Wye sol ich dich, fraw, eren,
    so ich ain sünder pin,
    vnd ihesum meinen herren,
    Ich würmlein hie auf erden,
    so gar czw nichtew pin?
40. Nur, parmherczigew frawe
    vnd mildew muter gotz, [Bl. 84b]
    dw seyst mich vor an schawen
    Mit parmherczigen augen,
    so lob ich dich mit got.
41. Vnd lob dich hie mit singen;
    o junckfraw, nym für gut,
    richt auf mein hercz, das prinne
    Zw dir vnd deinem kinde,
    das ist das ewig guet!
42. Von dem ich nicht mer schaide;
    hilff juuckfraw, raine magt.
    das ich also peleybe,
    All sünt vnd vbl meide,
    dem pösen widersag!
43. O hochgelobtew frawe,
    dw edles walsam plue,
    o himelisches tawbe,
    Nun reys herab vnd pawe,
    mach fruchpär hie das thüerr!

4*

44. O lilium confalium,
wolriechuntz plüemelein,
mach vns dir wolgeuallund,
Von hinnen zw dir wallund,
ewigkleich pey dir seinn!
45. O dw peschloszner garten,
vnd rosz von jericho,
o himelischew parten,
Mit freyden vnser warte [Bl. 55a]
jn vnser lcczten czeyt!
46. Des ich mich dan erfreye
ausz ganczem herczen grunt.
o junckfraw, zw mir eyle,
So ich da lig, wil schaiden,
zw hilff dw mir dan kumm!
47. Damit ich dir pefilhe
mein leib vnd auch mein sel.
o junckfraw, muter milde,
Halt mich vnder deinem schilde,
die weil ich leb auf erd!
48. O ihesu, dw getrewer
vnd allerhöchstixt gut,
hilf, das ich mich vernewe!
wan all mein sünt mich rewen,
halt mich in deiner huet!
49. Vnd danck dir deiner güte,
herr got vnd schöpffer mein,
das dw mich hast pehüttet
In meinem leben wüttund
so lange czeyt vnd weyl.
50. Gedenck mein, milter herre!
alczeyt pedarff ich dein.

thue dich von mir nicht verren,
Die weyl ich leb auf erden,
mach gut das ende mein!
51. In freyden vnd in leyden [Bl. 55b]
pefilh ich mich, herr, dir,
das mir das werd geleiche
Durch dein gar pitters leyden
Zw lob vnd ere dir.
52. Das sey also gesungen
dem sünder hie czw trost
mit seinen grossen wunden,
Gefangen vnd gepunden,
vnd das er werd erlöst.
53. Vnd nym dir es zw herczen,
dw armer sünder hie,
lass dirs nicht sein ain schercze,
Hab rew vnd laid von herczen!
so wirt vergeben dir.
54. In kainer weysz verczage,
rüff an die muter gotz
vnd lass mit nichte abe
Pys hin in deinem tode!
so kumbt sy in der not.
55. Als oft dw armer vallest,
ste auf, schrey für vnd füer,
hab nicht dar an gefallen!
So wirt dir gnad zwfallen,
got dir dein hercz perüert.
56. Dar vmb hab lieb den herren,
gelaub vnd hoff in jn,
das dw dich mügst pekeren [Bl. 56a]
Sein schäfflein wider werden,
schaw auf, versawm dich nicht!

Die Melodie ist dorisch. Die dem Liede voraufgehende Anmerkung steht Bl. 79b unten, die Fortsetzung auf Bl. 114; darunter eine Federzeichnung. Bl. 114b steht die Singweise mit zwei Textstrophen. Die übrigen Strophen folgen Bl. 81 ff.

LI.

Hie schied der sünder von der welt vnd vberwant sich.

Wol auf, auff, wer sich schaiden well.

1. Wol auf, auff, wer sich schaiden well, [Bl. 86b]
der kömm her nach, sey mein gesell!
2. Dye lieb hie gibt dort posen lan,
dar vm wil ich sy varen lan,
3. 'Wildw von mir dan also schier,
was hab ich ye versaget dir?'
4. Dein gab pringt mir den ewigen tad;
we, das ich ye hie pey dir war!
5. 'Pedenck dich pas, nicht eyl so vast!
wan nyemantz ist hie, der dich hasst.'
6. Der gunst vm sunst pringt mich
in pein;
o hillf mir, got vnd schöpfer mein! Bl.87a]

7. 'Siech mich noch an, wildw mich lan!
o, wie machstu mir das gethuen!'
8. Dein süssigkait ist alles laid;
ain schwares end: von got geschaidt.
9. 'Peleyb doch nur pys margen frue!
so get es dir vil ringer zwe.
10. Ye lenger ich harr, schaid ich mich hart.
was ist, das ich pys margen wart?'
11. 'Leczt dich noch hie ain weyl von mir!
wer ways, wan mich mer sehen wirst!'
12. Gesegen dich got! ich schaid von dir;
wan nymmermer kum ich zw dir.
13. Pestät mich got in ewigkait!
nun aller welt sey widersayt!

Die Melodie steht in der hypodorischen Tonart.

LII.

Hye hernach singt nun der sünder anderñ sünderñ vnd weltkinderñ auch den klainen ethlich rayen vnder weltlichen rayen noten, jn vermanung, das sye auch dauon liessen vnd sich czw got kerten, vnd den klainen czw vnderweysung.

O sünder, grosser sünder.

O sün-der, gros-ser sün-der, got läst dich nicht lang hie stan. Dw macht jm nicht ent-rin-nen; wan er wil, greift er dich an.

Varianten der Melodie in Nr. LXXIV »Ein gartt, ain edler garten« Bl. 121b.

1) Ohne ♭ Vorzeichnung und ohne 2) es. 3)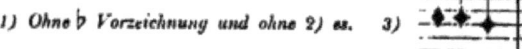

1. O sünder, grosser sünder. [Bl. 87b]
got läst dich nicht lang hie stan.
Dw macht jm nicht entrinnen;
wan er wil, greift er dich an.

2. Hast dw den auch verloren,
so kum her vnd klag mit mir!
Wan er mir frombt was warden,
des mein sel gert mit pegier.

3. Ich thet mich von jm schaiden, [Bl.88a]
der mein sel da speysen sold,
Nur durch mein schuld allaine;
wan ich jm nicht volgen wolt.

4. Ich thet mich von jm keren,
von dem höchsten schnee vnd guet.
Das klag ich nun auf erden
aller welt trawrigem muet.

5. Ich schied von jm an senden
czwainczick oder dreyssick iar,
Das klag ich nun an ende,
das ich selten sein gedacht.

6. Als ich von jm thet wencken,
der mich lieb het, sach mich an,
In lieb nach mir thet senden:
'ker herwider, armer man!

7. 'Cher dich zw mir, vil armer!
ich pin hie vnd wart noch dein,
Wan dw mir noth erparmest,'
sprach, der mir der liebst sold sein.

8. 'Lass dich von mir nicht dringen,
ker zw mir, erkenn mich pas,
Die weil du mich macht vinden!
lass das varen, das ich hass!'

9. Er wolt nicht von mir schaiden,
oft vnd dick sprach er mir zwe
Vnd trewet mir auf leiden,
auf die straff der hellen grueb. [Bl.88b]

10. Was mich der liebst vermanet
vnd mich zu jm rayczen wolt,
Ain anders zw mir kame:
'pleyb pey mir vnd hab mich hold!'

11. Er czaigt mir ewigs leben,
vnd das ander sölchen schein,
Ich solt mich des verbegen,
vnd in wollust pey jm sein.

12. Der liebst schickt mir auch poten,
von mir nicht gar schaiden wolt.
Er czaigt sich mir in nöten,
das er mich noch haben wolt.

13. Er gund sich ye verpergen
vnd mich nit wolt sehen an,
Doch mich nit lies verderben,
ju den nöten zw mir kam.

14. Ich merckt sein grosse liebe,
die mir ward zw herczen gan;
O hart ich mich da schiede,
von dem andern abezelan!

15. Ich rüft zu jm mit schreyen
vmb erparmung vber mich.
Wie wol der liebst thet schweygen,
doch halff er mir haimelich.

16. Er czoch mich aus den veinten,
die mein sel verbunten hart,
Vnd half mir trewlich streyten [Bl.89a]
vnd mich wider zw jm pracht.

17. Von jm ich nymmer schaide
hin pys an das ende mein;
Wan er ist, der mir haillet
all mein wunden, all mein pein.

18. Wer wil die lieb erkennen,
der sol das also versten:
Jhesum ich euch wil nennen,
der der allerliebst sold sein.

19. Das ander, wil ich melden,
ist der wollust diser welt,
Der thuet vil menschen fellen
von ihesu, wie vor gemeld.

20. Wer den nun hat verloren,
allew ding verloren hat,
Der suech jn wider klagund,
pys er jn gefunden hat.

21. Das sey also gesungen
hie dem allerliebsten mein
Und allen menschen frummen,
die sein lob gern hören seind.

22. Den wunsch ich ewigs leben
von dem allerliebsten mein.
Das jn das werd gegeben,
sprechet amen algeleich!

*Die Singweise steht in unserer Handschrift zweimal aufgezeichnet, einmal mit ♭-Vorzeichnung zu dem obigen Texte, also in der äolischen Tonart, und dann Bl. 121 b zu dem Liede »Ein gartt, ain edler garten« (Nr. LXXIV) ohne Vorzeichnung von ♭ und ohne Hinzufügung eines solchen innerhalb der Melodie, also in der mixolydischen Tonart. Sie gehört ursprünglich dem weltlichen Liede an »Nun laube, Lindlein laube«. Böhme theilt sie aus Valentin Trüller's Singebuch (1555) 1559 und aus Prätorius' Musae Sioniae VII, 1609 Nr. 142 mit. In diesen beiden Gesangbüchern steht die Melodie ohne ♭-Vorzeichnung. Nur an den Stellen, die ich mit einem * kenntlich gemacht habe, ist ein ♭ vor die Note gesetzt. Auch sonst weist die älteste Aufzeichnung unserer Handschrift wesentliche Varianten auf gegenüber den späteren Fassungen der Melodie. (Altdeutsches Liederbuch, Nr. 175; Liederhort II, Nr. 405.)*

LIII.

Ainen andern rayen.

Nvn ich pin frisch.

Nvn ich pin frisch, mein hercz ist frey-den-rei-che,

Durch den, der mich er-löst so si-cher-lich mit sei-nem

pit-tern ley-den.

1. Nvn ich pin frisch, mein hercz ist freydenreiche, [Bl. 89b]
Durch den, der mich erlöst so sicherlich
mit seinem pittern leyden.
2. Den wil ich mir, peger ich mir allaine
Vber alle ding, des alle ding da sind:
ihesum, den herren meine.
3. Des frey ich mich, des frey ich mich
von herczen:
Wan er ist der, der mir auf diser erd
vnd dort went allen schmerczen.
4. Sein grosse lieb czwang jn zw mir so sere,
Von oben herab in discs iamertal
kam er in grosem schmerczen.
5. In hunger, durst, hicz, frost vnd ärmigkleich [Bl. 90a]
Lebt es der herr der himel vnd der erd
für mich hie armen waysen.
6. Er suech mich haim so gar mit grossen
vleise,
Das er mich pracht, als er dan für
mich facht,
auf in das paradeyse.
7. Ja dreysick iar drew iar mich vnder
weyset,
Sein süsse ler ist meiner armen'sel
ain trost vnd süsse speyse.
8. In grosser lieb wurckt er hie für mich
pusse
Pys zw der czeyt seins aller grosten
streytz,
vergosz für mich sein pluete.

9. Der rosenpawm, der ward auf jn gepflanczet,
In sölcher schwär kain leyden nyemer ward
auf ainen so verhenget.
10. Er led das alles so geduldigkleichen;
In grosser lieb, die er da het zw mir,
was jm die marter leichte.
11. Der rosengarten, der was mir verschlossen;
Durch seinen tod vnd also pittrew not
ist er mir warden offen.
12. Des frey ich mich, des frey ich mich
nun sere,
Getraw vnd hoff, der garten werd
mir off,
so ich mich schaid ab erden.
13. Darumb tret zw dem edlen rosenpawme!
Ir arm vnd reich, aim yeden ist er
frey,
thuet euch dar ab nicht sawmen!
14. Den rosenpawm sult ir also vernemmen. [Bl. 90b]
Daran da ward genagelt also hart
ihesus mit pitterm ende.
15. Sein süesser geschmach pringt vns die
gab des lebens.
Versawmbt* euch nit, mit ganczer
zwuersicht
die edlen frucht abprechen!

* H.: versawnbt.

— 56 —

16. Darumb so singt das lied andächtig-
kleichen.
Werft von euch ab der groben lie-
der sag!
wan sye euch ser verbeysen.

17. Zw lob vnd er sey das also gesungen,
Der zw vns kam, die menschait an
sich nam.
dem waren gottes sune.

Die Melodie ist äolisch mit ionischem Schluss.

LIV.

Ainen rayen den grössern kindlein, die es mügen pegreyffen.

Nun hört zw disem rayen.

1. Nun hört zw disem rayen,
den ich euch hie vorsing,
Von meinem lieb vnd haile,
des alle ding da sind! [Bl. 91 a]
nun hort zw, liebe kind!

2. Nun singt, ir kindlein, schone
nach mir hie disen dan!
Mein lieb gibt euch den lane,
läst euch nicht von jm gan:
dar vm so singet schan!

3. Mein lieb ward nicht peschaffen
vnd nymmet auch kain end,
Gros, mächtig, schön an masse,
parmherczig gar pehent,
vnd richtet auch gar streng.

4. Es hat in seiner hande
ja allew ding gewalt,
Die posen schaid von dannen,
die guten jm pehalt:
gros ist meins liebs gewalt.

5. Es gibt das ewig leben,
dar jnn gross wunn vnd freyd.
Das merckt, ir kindlein, eben,
habt lieb das lieb allain,
ja, das ich hie da main!

6. O, was sol ich euch singen,
jr liebsten kindlein mein?
Wan mir der synn zerrinnen [Bl. 91 b]
von meinem lieb vnd ain,
pey dem ich gern wolt sein.

7. Mein lieb thet mich pedecken,
ja, da ich lag vnd schlieff,
Von meinem schlaff aufwecken
jn grosser trew vnd lieb,
die es da het zw mir.

8. Mich heten ser vmgeben
mein veint manigerlay,
Auff mein gar armes leben
gelegt vil strick vnd sayl:
mein lieb kam mir zw hail.

9. Ich was lang in gefangen,
jn stricken wol pehuett,
Von ainem zw dem andern
nach allem irem muet,
den tod ich auf mir trueg.

10. Vnd da ich wolt verderben
vnd fallen ab zw grunt
Vnd ewigklichen sterben,
macht mich mein lieb gesund.
das thue ich euch nun kunt.

11. Das sey also gesungen
dem allerliebsten mein,
Des lob vnd er vnd wunder
wert ymmer vnd ewigkleich:
dem dient, so wert ir reich.

12. Welt ir das lieb pehalten [Bl. 92a]
so mercket mich gar eben:
Ewr lieb müst ir nicht spalten,
allain dem alles geben,
der lan ist ewigs leben.

Die dorische Singweise gehört ursprünglich einem Liede an, welches beim Reihentanz um das erste Veilchen gesungen wurde: »Der Meie, der Meie bringt uns der Blümlein vil«. Sie findet sich im Altdeutschen Liederbuche von Böhme. Nr. 280, abgedruckt aus dem Val. Bapst'schen Gesangbuche 1553, II, Nr. 35. Hier steht sie zu einem geistlichen Texte gleichen Anfanges mit der Ueberschrift: »Ein schöner Abendreyen«. Sie ist aber im zweiten Theile so verändert, dass Böhme vermuthete, es sei gar keine Volkstanzweise. Unsere Handschrift gibt die ursprüngliche Volksweise.

LV.

Den klainen kindlein, dye der sünder ains mals sach vnd hört singen gar mit schöner weys vnd gepärd.

1. Was singt ir kindlein auf dem plan?
eur dan wil mir zw herczen gan,
wan eur gepärd erczaigt sich schan.
singt mer, jr kindlein, disen dan! [Bl. 92b]
2. Ir schönen, lieben kindlein,
Ihesus, der sol eur pfleger sein,
pehüetten euch vor aller pein,
ja hie vnd dort nuch ewigkleich.
3. Wolt ir mirs nicht für vbl han,
sinn newen rayen hüb ich an:
den singt nach mir in disem dan
zw lob ihesu, dem kindlein, schan!
4. 'Pys grüst, ihesus, dw kindelein!
pehalt vns durch den namen dein,
der dw hie lagst jm krippelein
elender vnd gar ärmigkleich.

5. 'Pys mer gegrüst von oben her,
geliten für vns hie auf erd,
pehalt vns vnser leyb vnd sel,
ain sälges leben hie auf erd!
6. 'Vnd pys gelobet ewigkleich
vber alle ding auf ertterreich!
jm himel ist nicht dein geleich;
pey dir pehalt vns ewigkleich!
7. Also pefelhen wir vns dir:
ain sälges end verleich vns hie,
das ewig leben auch pey dir, [Bl. 93a]
vns allen kindlein hilf zw dir!
8. 'Maria, muter, rainew magt,
auch lob vnd er sey dir gesagt!
Ihesus ausz dir geparen ward,
der für vns led den pittern tod.'

Diese Melodie, welche in der hypophrygischen Tonart steht, gehört ebenfalls einem Tanzliede der Kinder an. Den ursprünglichen weltlichen Text habe ich nicht ausfindig machen können.

LVI.

Ainen andern rayen.

Ir pitt, das ich euch singen sol.

1. Ir pitt, das ich euch singen sol
ain rayen   nach dem mayen;
Nun pin ich nit geschicket wol
vnd irr in maniger laye.
2. Doch will ich nicht von euch hingan
[Bl. 93 b]
vnd euch ain wenig singen,
Von erst an mir wil heben an;
das praucht recht in den synnen!
3. Da ich ward thum   vil vm vnd vm,
nach an manigew ende.
Mein hercz, das pran,   das plut, das ran
jn meinem leib gar strenge.
4. Wye mir da was   vnd da geschach,
davon ist nicht zesingen.
Nur merckt auch, was euch schaden mag,
dar zw praucht recht die synne!
5. Welt ir pestan   vnd frölich gan
auf in das ebig leben,
Als wie ain ritter greyft euch an
vnd gult es leyb vnd leben.
6. Wer dahin wil,   der hat hie vil
zw fechten vnd zw streyten;
Der veint ist vil   mit irem spil,
jr waffen gar ser schneiden.
7. Welt ir pestan,   durch sie ausgan;
den helmen müst aufpinden.

Ir kainen gar nicht sehen an,
er schrey, rüff oder singe.
8. Seyt starck vnd klueg,   hort jn nit zwe,
so sie euch wellen lieben!
Vnd das gehort aym ritter czwe,
vnd sich nit lass petriegen.
9. Seyt vest vnd stät,   es schneyb, es wä,
[Bl. 94a]
vnd euch nicht last verdriessen
Vnd kert euch nicht an ir gefär,
so sie die pfeyl her schiessen!
10. Mit achten nicht   wern sie enbicht,
vertriben pald von hinnen;
Der leib der allersterckist ist
gar hart zw vberbinden.
11. Den greyffet an,   nur sein nicht schand!
den frähat musz man straffen;
Wan, was er hat von erst gewand,
hernach das hart mag lassen.
12. Vnd volgt ir mir,   als ich euch hie
den rayen hab gesungen,
Den lan enpfahet ir dort czwier,
Den veinten dan entrunnen.
13. Das sey euch hie   in trewer lieb
von mir also gesungen,
Vnd nicht geergert wert an mir,
des pitt ich euch pesunder.

Die mixolydische Singweise hat in ihrer ersten Hälfte Ähnlichkeit mit der des Liedes »Es flog ein klein Waldvögelein« (Böhme, Altdeutsches Liederbuch. Nr. 223: Liederhort, Nr. 459b).

LVII.

Ainen text als in vermanung vnd straffweys czw der welt, der auch
layder der vorgemelt sünder ainer was.

Ir tanczer vnd spranczer.

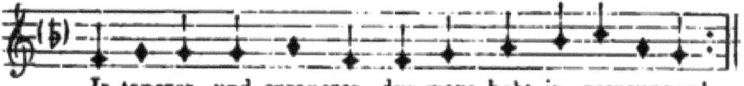

Ir tanczer vnd spranczer, dye weys habt ir gesprungen!
Ir ray - er vnd mai - er, was habt ir da ge-wungen?

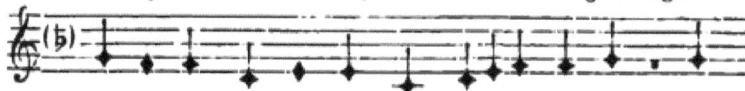

Ir lie-ger, pe - trie-ger, kert wi - der-umb! Thuet

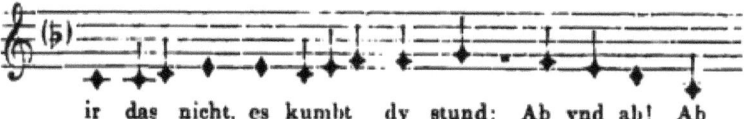

ir das nicht, es kumbt dy stund: Ab vnd ab! Ab

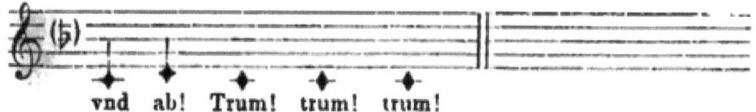

vnd ab! Trum! trum! trum!

O welt, welt.

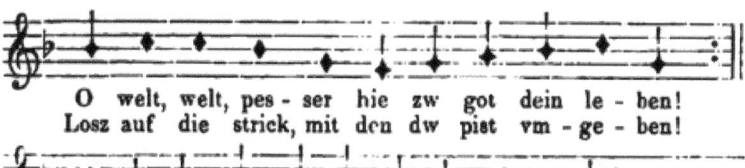

O welt, welt, pes - ser hie zw got dein le - ben!
Losz auf die strick, mit den dw pist vm - ge - ben!
Ain ye-der mensch sich selb er - ken sein ar - mes le - ben.

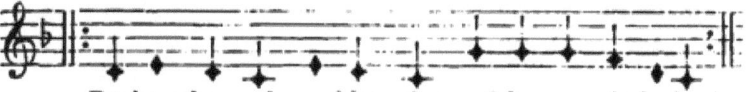

Dw krancker vnd wanckler, schaw auf das e - wig le-ben!
Dw sar - ger vnd kar - ger, der geytt hat dich vm-ge-ben!

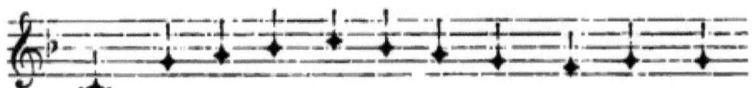

Schaw vm vnd vm, der tod der kumbt, dan must dw

rech-nung ge-ben!

1. Ir tanczer vnd spranczer, dye weys habt ir gesprungen! [Bl. 94 b]
Ir rayer vnd maier, was habt ir da gewungen?
Ir lieger, petrieger, kert widerumb!
Thuet ir das nicht, es kumbt die stund:
   Ab vnd ab!
   Ab vnd ab! [Bl. 95 a]
   Trum! trum! trum!
O welt, welt, pesser hie zw got dein leben!
Losz auf die strick, mit den dw pist vmgeben!
Ain yeder mensch sich selb erken sein armes leben!
Dw krancker vnd wanckler. schaw auf das ewig leben! [Bl. 95 b]
Dw sarger vnd karger, der geytt hat dich vmgeben!
Schaw vm und vm, der tod der kumbt, dan must dw rechnung geben!

2. O welt, welt, geistlich, ich will dich nit straffen: [Bl. 96a]
Wan dw wol waist zw thuen vnd auch zw lassen.
Doch lass ich nit. ich klaff auch mit von dir auf gassen.
Man siecht nit. das liecht ist in aller welt erloschen.
Die armen verdarmen. die werden auch verdrossen;
Man acht nit mer der armen sel, ob sie wirt ab verstossen.

3. O welt, welt, vnutz ist dein schimpf vnd scherczer,
Wan dw dar durch verleusst die gnad des herrens.
Dein thumer mut. der dunckt dich gut vnd nicht gestraffet werden.
Ir lappen in kappen. verliest ir hie den herren?
Ir laicher vnd schmaicker, jr müst gepeinigt werden.
Ker dich da von vnd ruff got an! dw magst noch sälig werden.

4. O welt, welt, wie pist dw so gar petrogen,
Falsch in dem hercz, auch gantz vnd gar verlogen.
Dye weysen sol man preysen vnd die frummen loben.
Die grechten, gelerten, dye werden sein dort oben,
Dye wuchrer, gotz fluecher ab in die hell geschoben,
All sünder hie, got ways wol wie, ab in die hell geczogen.

5. O welt, welt, dw erkenst nicht got den herren.
Der dich peschueff zw sölchen grossen eren. [Bl. 96b]
Dw armer mensch dich nit erkenst, dw pist doch nur ain erde.
Dein hochfart. dw kotsack. wirt dir der herr czerstören.
Dein vbermut nymbt dir das gut, dich zw der hellen knörren,
Darvmb so kum pald widerum diemütiklich zwm herren!

6. O welt, welt, got von tag zw tag dich straffet
Mit sterben. verderben. vnfrid. anderñ sachen.
Dein plinter syn der fürt dich hin ab zw der [hellen] parten;
Dye gaellen der hellen, die werden dein da warten.
Das leyden. got meyden wirt sein da vber die masse,
Vnd ewigkleich, die gschrift ausweist von got darnach verlassen.

Die beiden Tanzweisen in mixolydischer Tonart gehören, wie ich vermuthe, innofern zusammen, als die erste Refrain war und nach jeder Strophe der zweiten Melodie wiederholt wurde. Deshalb ist auch wahrscheinlich der ersten Melodie 7-Vorzeichnung zu geben. Uebrigens ist der erste Satz der Melodie »Ir tanczer« gleich dem Anfange des Liedes »Mein Mann der ist in Krieg gezogen, vor Leid so muss ich sterben« (Ammerbach, Orgeltabulatur, 1578, Nr. 42) oder »Heinz, wiltu Christa han? sprach die alte Schwieger«. (M. Franck, Fasc. quodl., 1611, Nr. 3) in Böhme's Altdeutschem Liederbuche Nr. 235 und im Liederhort II, Nr. 890.

LVIII.

Hie ward der sünder jnbenig getröst vnd doch mit layd gemischt.

Gehab dich wol.

1. 'Gehab dich wol vnd nicht verczag!
Wan got der lebt, der dich peschaffen hat, [Bl. 97a]
Der alle ding vermag,
Der alle ding vermag, der herre.'

2. Wie kan vnd mag ich mich wolgehabn,
Wan ich gedenck meinen allengrosten schadñ!
Wan da ich het verlorn,
Wan da ich het verlarn den herren.

3. All menschen solten pillich klagñ
Den iamer, den die sünder müssen habñ,
Vm das sie haben verlarn,
Vm das sie haben vorlorn den herren.

4. 'O mensch der vngeornen lieb,
Von ganczem herczen dw erparmest mir.
O lass da von schier,
O lass da von schier, leyd schmerczen! [Bl. 97b]

5. 'Dw junges plut vnd waches kind,
Hüet dich vor lieb, die wider got da sind!
Sye machen dich plint,
Sye machen dich plint jm herczen.

6. 'Nun siech vnd hor hie eben czwe!
Wan hie noch dort wirstu nicht haben rue;
Darumb schaw dar czwe,
Dar vm schaw dar zwe, leyd schmerczen!

7. Halt dich in huet, dw wüttuntz pluet!
Thust dw des nicht, dw kumbst in helles grueb,
Wurchstu hie nicht püess,
Wurchstu hie nicht puess von herczen.

8. 'Hüt dich vor schant, reys auf das pant!
Lass faren das, so wirstu got pekan't,
Vnd thue das zwhant,
Vnd thue das zw hant, leyd schmerczen!

9. Gedenck dar an, wie lang es mijg pestan!
Es kumbt die czeyt, das es auch wirt czergan.
Dar vm lasz davon,
Dar vm lass dauon, leyd schmerczen!

10. 'Gedenck dar an, war dar nach wirt der lan,
Das ewig nagen vnd der hellen flam!
Dar vm rüff got an,
Darumb rüff got an, leyd schmerczen!

11. 'Dye süssigkait pringt dir dort ewigs
   laid,
   Ain schwäres end vnd ab von got ge-
   schait
   Darumb hab hie layd. [Bl. 98a]
   Dar vm hab hie laid von herczen!
12. 'Darumb. dw sünder. nym des war!
   Dw kumst an ain so grawsamigew schar;
   Ffürbar ich dir sag.
   Ffürbär ich dir sag an scherczen!
13. 'Gestanck vnd vinster ewig pein,
   Die pösen geist werden ewig pey dir sein.

Gedenck an die pein,
Gedenck an die pein, leyd schmerczen!
14. 'Lass von dem pesen, thue das gut!
   Der lan dar vmb wirt sein die ewig rue.
   Darumb würck hie puess,
   Dar vm würck hie puesz von herczen!
15. 'Das ewig leben wunsch ich dir,
   Got sey genädig mir vnd auch dir!
   Sprich amen mit mir,
   Sprich amen mit mir von herczen!"

Die Melodie gehört der hypoionischen Tonart an.

LIX.

Hie hernach ward der sünder ser petrüebt vnd klagt sich, wye hernach stet.

Wo ich hinker.

Wo ich hin-ker auf di-ser erd, Kain lieb ich spüer noch frewntschaft mer. Das thuet mir we: got mirs ver-ker zw hail - le.

1. Wo ich hinker [Bl. 98b]
   auf diser erd,
   Kain lieb ich spüer noch frewntschaft
   mer.
   Das thuet mir we:
   got mirs verker   zw haille
2. Wo ich hin sol,
   ways ich nit wol.
   Die welt ist alles iamers vol.
   Nur dem wirt wol,
   der sich mag vberbinden!
3. Dye nachsten mein
   machen mir pein!
   Ich fürcht, es sey mein schuld allain.
   O herr, got mein,
   wie sol ich vberbinden?

Der herr.
4. 'Ich hor den man,
   der klagen kan.
   Der jm nur freyd an layd wil han: [Bl. 99a]
   Rüer mich nit an.
   nuer hab mich schan   von herczen!'
5. Nicht, nicht also,
   wirt schrein der fro,
   Der hie nichtz led durch seinen got,
   Noch jm zw lob
   vnd er jn lieb was dienen.
6. 'Dw klagst die ding,
   die kindlich sind,
   Die doch nicht hie zwklagen sind.
   Ain leichter wint
   wät dich geschwint   zw rucke!

7. 'Ich sach dir zw
   deine freyen mutz,
   Vil langew czeyt ich dich pehuet.
   Was dunckt dich gut
   auf sölchen muet   dan leyden?
8. 'Dw leichter man,
   siech mich recht an,
   Was ich vmb dich hie hab gethan!
   Siech auch die an,
   die ich nun han   erfreyet!
9. 'Siech an auch, wie
   sie liten hie,
   In lieb von mir doch schieden nye!
   Wie ist dan dir,
   da dw so schier   thuest klagen?
10. 'Siech an auch die,
    die lebten hie
    Dye mein gepot pehielten nye!
    Nach irr pegier
    lebten sie hie   dye armen.
11. 'Rat an,   was lan
    ward jn davon, [Bl. 89b]
    Den dw, vil armer, auch wild han!
    Nuer lass dauon,
    wild dw mich han   mit freyden.
12. 'Was hast doch ye
    geliten hie
    Von meinen wegen? sag das mir!

Wo ist dein lieb?
erczaig die mir   von herczen!'
     Der sünder.
13. O herr, ich gsweig
    wan ich nichtz leid,
    Die ewig pen ich mir zwe schreib.
    Dw mir verczeich
    auf ewigkleich.   mein herre!
14. Was ich hie led,
    pekenn ich herr,
    Von deinen wegen nicht das led.
    Genad mir, herr,
    nicht von mir ker   dein gütte!
15. Wan ich an dich
    mich nichtz versiech,
    Wan dw der pist, des ich da pin,
    Dein gnad mein gwin!
    schaid mich nit hin   jn leiden!
16. Lass mich, herr, sein
    den schacher dein,
    Den dw pegnadest an dem krewcz;
    Das paradeys
    mir auch verleich   dein güete!
17. Doch got, mein herr,
    dein will der werd
    An mir hie vnd in ener welt.
    Mein sel pegert
    Genad mir, herr,   genade!

Die Melodie ist dorisch und gehört dem Volksliede an: »Wenn ich des Morgens früh aufsteh und in meins Vaters Stüblein geh«. Böhme theilt die Melodie in drei Fassungen mit: 1) aus einem mehrstimmigen Tonsatze von H. Isaak in Otts Liederbuch, 1544, Nr. 14: 2) aus einem Tonsatze von L. Senfl in Otts Liederbuch, 1534, Nr. 68 und 3) aus M. Neusiedlers Lautenbuch, 1574, Nr. 32 (Altdeutsches Liederbuch, Nr. 204 und Liederhort II, Nr. 466¹). Die vorstehende älteste Aufzeichnung unserer Handschrift weist manche Varianten auf. Man vergleiche mit ihr auch die Singweise zu dem Liede: »Ich schrey vnd rueff auf erden« Nr. LXV dieser Sammlung, welche einige Aehnlichkeit hat.

Der Text des obigen Liedes scheint noch mehr Strophen gehabt zu haben. Das folgende Blatt 100 unserer Handschrift beginnt mit Versen, die zu einem ganz andern Liede gehören: »Dein mag ich nicht enperen« u. s. w. Sie bilden den Schluß zum Liede auf Bl. 80: »Wo ausz musz ich hin keren«, welches ich deshalb hierher setze.

LIX*.

Ain anders auch der mainung jn diser weys. [Bl. 80a]

Wo ausz musz ich hin keren?

1. Wo ausz musz ich hin keren?
   wan vnfrid ist noch hie.
   Vnd get vast an die sele
   des leibes pösz pegier.
2. Dar vm, mein got, an ende
   mich armen nicht verlass,
   Kum mir zw hilf pehende
   auf diser iamer strass!

3. Dye weg seind lind vnd strenge,
   dye steig auch tieff vnd hoch,
   Das mör mich hie wil pfrengen
   vnd czeucht mich an sich vast.
4. Gebalt wil mich petbingen
   auf wasser vnd auf land,
   Vnd kan noch mag nicht schwymmen,
   an mir hangen dye paut.

5. Lös auff, lös auff, mein herre
   hilff mir ausz diser not!
   Wan es get an die selle.
   dw gar mein milder got.
6. Nye liestu mich verderben
   pys her vil lange ezeyt.
   Pehüet mich noch vor sterben,
   das an der sele leyt!
7. Erlös mich ausz den stricken! [Bl. 80b]
   wan sie mich trucken hart.
   Nicht mer ich mich wil schicken
   auf ain so hertte fart.
8. O muter der genaden,
   halt mich in deiner huet,
   Schaw, wie ich pin peladen
   mit streyt auf meres fluet!
9. Dye veint mich wellen twingen.
   o junfraw, edle magt.
   Hilff, das jn nicht gelinge
   vnd ich jn widersag!
10. Vil süssigkait mir raichen,
    o junckfraw, ste mir pey,
    Vnd sie mich nit mer laichen.
    vnd mach mich von jn frey!
11. Lass mich von dir nicht dringen.
    nach got mein ezwuersicht.

Das ich recht prauch mein synne.
alczeyt verlass mich nicht!
12. Wan ich pin krank zw streyten
    ja wider dise veint!
    Wan es ir waffen schneyden
    durch sel vnd auch durch leib.
13. Hilff mir, kum schier zw haile.
    dw himelkünigin!
    Es prächt mir herezenlaide
    verluer ich mer dein kind.
14. Dein mag ich nicht enperen: [Bl. 100a]
    czeuch mir die pfeil pehend.
    Mit den ich pin verseret,
    vnd mich nicht weyter sendt!
15. Erczaig mir dein genade
    vnd layt mich zw dir ein,
    Schaid mich nicht von dir abe
    vnd von dem kinde dein!
16. O süssigkait des lebens
    vnd hofnung meines hails,
    Hilf, das mir werd vergeben,
    gewischet ab die mail!
17. Dan mag ich frölich loben
    dich, muter, mit dem sun.
    Mein herez pey dir wirt oben
    pys ich gar zw dir küm.

Das Lied steht auf Bl. 80 und von der Strophe 14 an auf Bl. 100.

LX.

Ain rewlied in gepetz weys czw dem herren.

O nymmermer.

O nym-mer-mer, die weyl ich leb auf erd, Herr, wi-der dich ich mer pe-ger. E-wi-ger herr in hi-mel vnd in erd. Ich schrey zw dir: ge-nad, herr, mir! An dich, mein got, ver-dirb ich hie; hilff mir zw dir!

1. O nymmermer. die weyl ich leb auf erd.
   Herr, wider dich ich mer peger. [Bl. 100b]
   Ewiger herr   in himel vnd in erd.
   Ich schrey zw dir: genad, herr, mir!
   An dich, mein got. verdirb ich hie;
      hilff mir zw dir!
2. Mein sel die schreyt.   mein leib ist träg
      vnd feyrt.
   Vnd czihen ein gar vngeleich. Bl. 101a
   Hilff gnädigkleich,   zw czämen meinen
      leib
   Zw lob vnd er   dir. got. mein herr!
   Wan dein mein sel alezeyt pegert.
      dw mich erhör!
3. O tött jn mir   all glüst vnd posz pegier,
   Vnd ist meins lebens lenger hie.
   Richt stät zw dir   mein herez vnd mein
      pegier!
   Halt mich in huet.   dw ewigs gut,
   Wan dw mich hast pys her pehuet.
      mein end mach guet!
4. Layt, herr, ezw dir   den armen sünder hie,
   Den dw so lang peschirmest hie:
   Dw waist wol wie,   wie gros vnd oft
      er viel.
   Erparm dich sein,   got. schöpfer mein,
   Lass jn hinfüran pey dir sein
      in deinem reich!
5. O siech nit an.   kain gut hab ich gethan.
   Parmherczigklichen siech mich an!
   Ich dich erman.   die menschait an dich
      nambst
   Von ainer magt;   kain guten tag
   Hast dw pys an dein end gehabt.
      den pittern tod!
6. Herr, ich pin hie.   o pys genädig mir!
   Mein leben steht alezeyt pey dir.
   Darumb hilff mir,   so nun die ezeit
      ist hie!
   Ich hoff vnd traw   vnd gantz gelaub.
   Ain waren eristen mich anschaw.
      hilf mir hin auf!
7. Erparm dich vor.   ee ich von hinnen far!
      [Bl. 101 b]
   Dein leyden nymb ich mir peuar.
   Dein pitter tod   mich auf der fart pebar.
   In meiner not,   o milter got.
   Hilf, das mein engl mich pebar
      auf diser fart!
8. O kayserin   des himelischen gsintz.
   Kumb junckfraw. muter. künigin,
   Kumb, mittlerin,   mit ihesu. deinem
      kind!
   Kumb, muter her,   gedenck nicht mer.
   Wer ich hie was auf diser erd,
      hilff mir. kum her!
9. Allain mein trost nach got vnd zwuersicht!
   Kum mir zw hilff. verschmach mich nicht!
   An meinem end,   da wirt die rechnung
      streng.
   Peleyb nit auez.   hilff mir darausz.
   Pelayt mich mit dir in dein haws.
      ewige fraw!

Die Melodie ist hypoionisch. Der erste Theil derselben (bis zu dem Worte »peger«) findet sich nochmals aufgezeichnet zu dem Liede »Ich rüff zw dir. o junckfraw. mit pegier«. Nr. LXVII.

LXI.

Von den, dye got nun dienen vnd sich pekert haben, es sey in der welt oder von der welt vnd wolten nun gern höher steygen ezw dem vatterland.

Wolauf, wer pas well wandern.

Wol auf, wer pas well wandern auf zw dem va-tern-land,

Der sawm sich hie nit lan - ge, Dye weyl er mag von

dan - nen, Mach sich dort pas er-kant!

1. Wol auf. wer pas well wandern
auf zw dem vaternland, [Bl. 102a]
Der sawm sich hie nit lange.
dye weyl er mag von dannen,
mach sich dort pas erkant!
2. Hie ist nicht lang peleibens,
vngwisse weil vnd czeyt:
Darumb man nur sol eylen
von tag zw tag all weyle,
dy weyl der tag hie leicht.
3. So nun dy nacht ist kummen,
dye arbait hat ain end,
Der mensch ligt vnpesunnen,
dye gnad wirt hingenummen,
die veint kummen pehend.
4. Dye land seind hie vmgeben
mit vnfrid vberal.
An streyt män hart mag leben,
das merck ain yeder eben [Bl. 102b]
vnd mach sich auf gar pald!
5. Wan wer dahin wil trachten
der musz sein resch vnd küen,
Kains vngewiters achten,
wan er wirt angefachten,
nuer frölich für vnd füer.
6. Der weg ist streng vnd enge
hin zw dem vaterreich:
Ain yeder musz sich pfrengen.
der dort hinezw wil lenden.
vnd mag des nicht sein frey.
7. Noch ist ain weg vorhanden,
getriben wol vnd weyt.
Den gar vil menschen wandern;
ainer der fürt den andern
hinab in ewigs laid.
8. Der weg ist leicht vnd linde;
darum ju raysen vil,
Dy weil sie nicht enpfinden
des iamers noch dahinden;
sye kommen zw dem czil.
9. O. was sol ich euch singen
von disem iamerland,
Da ist nur schrein vnd prinnen,
ewigklich sein dar junen
we, we vnd alle schant.
10. Den weg wir sullen meyden
vnd flihen verr da von,
Den strengen weg auf steygen,
hin an den frühat treiben,
auf in das vaterland.
11. Wan der musz sein verbegen.
der ewig freyd wil han [Bl. 103a]
Vnd ewigkleich wil leben;
der musz hie dar vm streben.
so lang er das erlaug.
12. Der hat darnach gewungen
das leben ewigkleich,
Dem tod ist er entrunnen,

o, dem scheint wol die sunnen
jn seines vaters reich.
13. O wer kan doch gedencken,
wie der enpfangen wirt
Von got vnd seinen engeln.
der hie auf raist so strenge
jn arbait, grosser lieb!
14. O was sol ich mer singen,
jr allerliebsten mein!
Wan mir der synn czerinnen
von disen grosser dingen,
da ich wolt gerne sein.
15. All lererr muessen schweygen
vnd auch die kinder sein,
Ja so sie wellen schreiben
von disen grossen freyden
vnd von der hellen pein.
16. O. wer hat nun versuechet
dye freyd hie diser welt.
Der schaw vnd würck nun püesse,
das vaterland dort sueche,
dye freyd, wie vor gemeldt.
17. Der richt sich nun. zw leyden
vnd meyden vppigkait.
Den strengen weg auf steygen
zw disen grossen freyden
mit rew vnd auch mit layd.
18. Dye werden jm verlihen [Bl. 103b]
ja ymmer vnd ewigkleich,
Mit nichtew nicht verczigeu,
der also ob ist ligen
den veinten in dem streyt.
19. Wan christus. der ist milde,
parmherczig gantz vnd gar,
Der halt vns vor den schilde.
macht ring das streng vnd wilde.
der vns ist gangen vor.
20. Dar vm last vns pas rucken
von tag zw tag hin czwe,
Im iamertal vns schmucken,
verdrucken, pucken, czucken!
dar nach die ewig rwe.
21. Got vater. wir dich pitten,
dein gnad vns hie verleich,
Das wir zw dir aufczihen,
all glust vnd sünd hie flihen
pys in dein ewigs reich!
22. Herr ihesu. vnser hailer,
mit got. dem vater ainns,
Vns armen hie mittaile
die hilf deins pittern leydens
vnd hilf vns nach dir haim!
23. Chum got. heiliger geiste,
den weg vns zw dir weys,
Das wir vns alczeyt vleissen,
mit lob vnd er dich preysen
jn der driualtigkait!

24. Das sey also gesungen
den gutbilligen hie,
Vnd das sie dorthin kummen
vnd sehen got, den sune: [Bl. 104a]
got helff jn da hin schier.

25. Amen, das das geschee,
das wunscht her wider mir,
Dort aneinander sehen
vor got dem höchsten herren
nach disem elend hye! Amen.

Die Melodie, der die ♭-Vorzeichnung fehlt, ist ionisch. Der erste Satz derselben (bis zum Worte »vaternland«) ist der Anfang des späteren Benzenauer Tons: »Nun wend ir hören singen ietzund ein nüw gedicht«. Dieses Lied wurde verfaßt auf den Helden in der Schlacht bei Kufstein, 1504. Der Anfang der Melodie ist also einem älteren Volksliede entnommen. Wie der ursprüngliche Text desselben lautete, habe ich nicht ausfindig machen können (vergl. Böhme, Altdeutsches Liederbuch, Nr. 381; Liederhort II, Nr. 256; Bäumker, Das kath. deutsche Kirchenlied I, Nr. 26).

LXII.

Ains mals czoch der sünder aus vnd kam zw den seinen erkanten vnd viel in gelust. Dar vm jn straft sein gewissen, wie hernach stet.

Fleuch, fleuch wider haim.

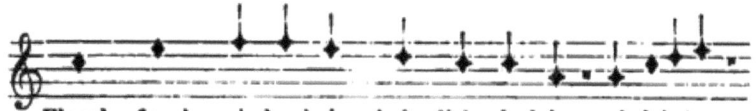

Fleuch, fleuch wi-der haim, halt dich al-lain, al-lain!

Al-lain vintzt dw das le-ben, dein ay-gen must nicht sein;

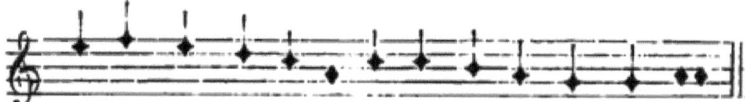

Der freyd must dich ver-we-gen, wild dw pey mir dort sein.

1. 'Fleuch, fleuch wider haim,
halt dich allain,
allain [allain!
Allain vintzt dw das leben,
dein aigen must nicht sein;
Der freyd must dich verwegen, [Bl. 104 b]
wild dw pey mir dort sein.'

2. Ja, ich pin hie,
herr, wie ist mir?
ich sewftz vnd siech,
Siech, siech, herr, an den armer,
den dw nye verliest!
Thue dich sein noch erparmen,
der dir ia viel verhies!

3. 'Ste auf vnd fleuch!
es kumbt das feur,
es wirt dir tewr,
Tewr, tewr wirt dir mein gnade,
das alt wirt werden new:
Dar vm so eyl, lass abe,
das krewcz mit dir vnd fleuch!'

4. Herr, ich pekenn,
ich gib dem end,
es wurd mir streng,
Streng, streng wurd mir gegeben
der ewig tod pehend,
Dein müst ich mich verbegen:
dein gnad mir wider send!

5. 'Wildw mich han,
dw schwacher man,
so lass da von!
Dauon von dem must dw dich schaiden,
wild, das ich sey der lan, [Bl. 105a]
Vmb den man hie must leyden
vnd auch sich greyffen an.'
6. Nun, das sol sein,
pehalter mein,
erlaub mir ains!

Ains, ains das sey die leeze,
(mein herez waist dw allain!)
Damit ich wolt ergetzen —
dw waist wol, wye ichs main.
7. 'Ja, wild dw das,
so merck mich pas,
(ich sag dir das!)
Das, das dw nicht seist geben
vrsach wider das.
Das da krenck das leben
vnd pring nach jm den tod.'

Die Melodie steht in der äolischen Tonart. Das Versmaß ist wie folgt:

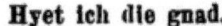

LXIII.

Ain pegierlich wunschlied zw der höchsten künigin der himelen.

Hyet ich die gnad.

1. Hyet ich die gnad, so wolt ich mich aufschwingen
   hoch in ain stat zw ainer küniginne. [Bl. 105b]
2. Mit freyden wolt ich iren hof anschawen,
   als ich vernymb, sach ich nye sölches pawe.
3. Ir hofgesind wolt ich mit freyden sehen,
   künt ich die weg vnd steg zw ir ausspehen!
4. Ich wolt ir dienen ewigkleich on ende:
   o reicher got, dein gnad mir darzw sende!

5. Wer dienet ir, der dienet dir geleiche:
   hilf ihesu, künig vber alle reiche!
6. War ich der mynst an irem hoff gesessen,
   was wolt ich mer, dan alles laytz vergessen!
7. Wol dem, der auf an iren hoff ist kummen!
   dem scheint recht wol vnd ewigkleich die sunne.
8. Was sol ich singen vil von disen dingen!
   mein mund ein stum, so mir der synn zerrinnen.
9. O künigin, dein gnad auf mich lass reysen,
   an deinem hoff mich ewigklichen speyse!
10. Lass mich sein dein, dw hochgelobte frawe,
    an deinem hoff dich ewigklichen schawe!
11. Lern mich die weg vnd steg zw dir auf raysen,
    o künigin, vnd mich nit lass verbaysen!
12. Der veint ist vil, mit irem spil mich iren;
    hilff, künigin, dem armen schier zw diere!
13. Ich gib mich dir. fraw künigin, zw aigen,
    zw kainer mer hin für an mich wil naygen.

Das Lied gehört zu den sog. contrafacta. Der weltliche Text beginnt: «Wär ich ein Falk, so wolt ich mich aufschwingen, gen Heidelberg hin, wol über die hohen zinnen» (Gassenhawer vnd Reutterliedlein, 1536, II, 6). Die Melodie war uns bis jetzt nur in der ersten Zeile bekannt aus einem Fragment in Schmeltzels Quodlibet, 1544, 19. (Böhme, Altdeutsches Liederbuch, Nr. 54: Liederhort I, 135a.) Sie ist ionisch. Die Vorzeichnung eines ♭ muß ergänzt werden.

LXIV.

Ain loblied von der junckfraw vnd himlkünigin.

Nvn loben wir.

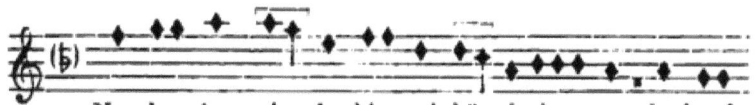

Nvn lo - ben wir dy hi - mel - kü - ni - gin - ne, dy junck-

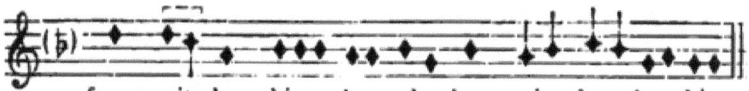

frawn mit dem kin - de, als lang wir le - ben hie.

1. Nun loben wir dy himelkünigine,
   [Bl. 106a]
   dy junckfrawn mit dem kinde,
   als lang wir leben hie.
2. Das lob ist gros in himelif vnd in erden
   der schönen junckfrawn werden
   vnd muter vnsers hails.
3. Ausz irem mund da stieben rosenplüe,
   reysen
   das macht ir grosse güte:
   wol, der sy loben kan!

4. Vnd möchten mir von ir der plätlein
                               werden,
   nicht mer ich wolt pegeren
   zw meinem tail auf erd.
5. Was lob erpewt ich dan der gar so
                                werden,
   ich würmlein hie auf erden.
   so gar zw nichte pin?
6. Gena'd', o junckfraw, mir, von dir zu
                           singen, [Bl. 106b]
   dein lob ain wenig volpringen,
   ich armes würmlein!

7. Gedenck nicht das,   dw waist wol was,
       des armen,
   allain dich sein erparme!
   so heb ich frölich an.
8. Ich lob dy junckfraw, also her pe-
       schaffen:
   mich armen nicht verlasse
   hie vnd dort ewigkleich!
9. Ich lob dy junckfrawn, nun pey got
       an ende.
   der ir den gruesz thet senden:
   'auc. genaden vol!'
10. Ich lob dy junckfrawn, da sy süchet
       haime
    elyzabeth. ir mamen,
    pys an das ende mein.
11. Ich lob dy junckfraw also hoch geparen.
    ausz der got mensch ist warden,
    pys an das ende mein.
12. Ich lob dy junckfrawn mer von hereren
       grunde,
    drey künigk zw ir kummen,
    pys an das ende mein.
13. Ich lob sy, da sy in den tempel kame,
    ir kindlein mit ir name,
    pys an das ende mein.
14. Ich lob dy junckfraw in irs kindleins
       leyden,
    dy schmerez mit jm must leyden,
    pys an das ende mein.
15. Ich lob sy in irs kindleins pittern sterben,
    vnd vns nicht lasz verderben
    hie vnd dort ewigkleich.
16. Ich lob sy, da er von dem tod erstuende,
    mit freyden ir erschaine, [Bl. 107 a]
    pys an das ende mein.
17. Ich lob sy, da er auf gen himel fuere
    vnd sy nach jm erhuebe.
    pys an das ende mein.
18. Nun lob ich sy in 'iren grossen freyden,
    sy well vns die mittailen
    nach vnsern letzten end.
19. Ich lob dy junckfraw; wan ich zw ir hoffe,
    der himel werd mir offen,
    so ich von hinnen schaid.
20. Nun lobet, alle creatur gemaine,
    dy vnaussprechlich rainen
    vnd junckfraw ewigkleich!
21. Das sey zw lob dir, junfraw, hie gesungen
    mit ihesu, deinem sune:
    vnd mir mein sünd verczeych!
22. Vergisz nicht mein   in meiner pein
       des endes,
    kum mir zw hilff pehende,
    mein veint von mir czerstrey!
23. Vor an lern mich. des pit ich dich, hie
       sterben
    vnd mich nit lasz verderben
    nach meiner grossen schuld!
24. Pelayt mich schier,   junckfraw mit dir
       von hinnen
    zw ihesu, deinem kinde!
    wan er dich nichtz verczeicht.
25. Wer hie das lied zw lob dir, junckfraw,
       singet,
    erparm dich sein von hinnen,
    zw hilff jm, junckfraw, kumb!

Die Melodie steht in der dorischen (transponirten) Tonart. Die Vorzeichnung von ♭ ist zu ergänzen.

LXV.

Ain margenlied czwgeleicht der schönen junckfrawen vnd muter gotes. [Bl. 107 b]

Ich siech den margensterne.

— 71 —

1. Ich siech den margen sterne
mit seinem liechten schein,
dy schonen margenrötte
auf tringen lustigkleich.
2. Mein hercz sich da erfreyet,
die vogelein in dem hag;
ich ways wol, wie ichs maine,
jr lob das nymbt nicht ab.
3. Dy nacht wil sy verdringen,
den tag nach ir her weist:
ich main dy küniginne, [Bl. 108a]
dy in dem himel gleist.
4. Prich her durch alle gwolken
vnd vber alle erd
vnd vber alle volcker,
vnd wer deins glancz pegert!
5. Schein her vber alles golde
vnd vber allez gestain,
nach dir der tag her volget,
der vns zw freyden leicht.
6. Schein her, dw freydenreychew
vber alle creatur!
wan nyemantz dir geleichet,
dw spiegl vnd figur.
7. Schein her vber alle perge,
schein ab in tales grunt
vnd thue dich nicht verpergen
vnd mach die frücht gesunt!
8. Nun schein von oben here,
dring durch die himel ab!
mein sel dein ser pegeret,
an dich hart leben mag.
9. Nun schein her mit genaden,
die nebl von ir treib!
ausz dir ist es geparen
dy sunn der grechtigkait.
10. Das sey zw lob gesungen
der schonen margenröt, [Bl. 108 b]
ausz der vns ist ensprungen
das war liecht auf die erd.
11. Der dises taglied singet
zw lob der schonen magt,
das die jm leicht von hinnen
au seiner leczten vart!

Die Melodie ist dorisch und rührt von einem weltlichen Liede mit gleichen Anfangsworten her. Die Noten ohne Text nach dem Worte »margenrötte« scheinen für die Begleitung eines Instrumentes bestimmt gewesen zu sein. Die im Niederländischen übliche Singweise, welche ich in meiner Sammlung »Niederländische geistliche Lieder« (Vierteljahrsschrift für Musikwissenschaft, 1888, S. 177) mittheilte, hat eine etwas abweichende Fassung. Der Text des weltlichen Liedes ist uns nur in niederländischer Sprache bekannt geworden: »Ic sie die morgen sterre, Myns lievekens claer aenschyn« (Antwerpener Liederbuch, herausg. von Hoffmann von Fallersleben, Hannover 1885, Nr. 96). Die in den Niederlanden übliche Fassung der Melodie gieng in mehrere deutsche, katholische Gesangbücher des XVII. Jahrhunderts über (vgl. Bäumker, Das kath. deutsche Kirchenlied I, Nr. 29 u. II, Nr. 69 IV).

LXV^b.

Ain taglied, auch in diser weys.

Ich siech den tag her leichte[n].

1. Ich siech den tag her leichte[n]
mit seiner margenröt,
kain liecht jm mach geleichen
auf diser gantzen erd.
2. Er leicht vns hie auf erden,
der den peschaffen hat,
der ewigklich ist werden;
sein schein der nymbt nicht ab.
3. Er ist ain liecht, das prinnet
jn himel vnd in erd;
vnd wer davon anczündet,
der siecht in ener welt.
4. Das liecht pran vor verpargen,
ee himel vnd erd her ward;
nun ist es offen warden,
der schön, war, liechte tag.
5. Da sich dy nacht sold enden, [Bl. 109a]
der tag sich naigen her
vnd in dy erden senecken,
das merckten, hort nun, wer?
6. Dye weysen das vernummen,
der geist in jn erhal;
wye das der tag wurd kummen,
dy nacht wurd treyben ab,
7. Von oben sich her lassen
vnd navgen in die erd
vnd sich hie sehen lassen
mit seiner margenröt.
8. Er was vns lang verpargen,
ja ethlich tawsend iar;
vil menschen da verdarben,
die musten faren ab.

9. Den tod sie musten leyden
des liechtz perawbet sein.
o, langk was jn die weyle
ju diser armen pein!

10. Nun ist vns wol gelungen,
wir sehen weg vnd steg;
wan vns scheind recht die sunne,
des sich der plint erbert.

11. Nun leicht her, liechter tage,
zw allen venstern ein,
erleicht vns mit genaden!
wo dw nit scheinst, ist pein.

12. Durchgewsz die herez von oben
[Bl. 109 b]
mit himelischem tawb.
damit sie dich hie loben
ju diser armen aw!

13. Gib wasser allen prünnen,
die hie pesigen sind,
das sie die flüss gewingen
die erd frucht davon pring!

14. Nun schein her miltigkleichen.
dw ewigs liecht an end!
vor dir müssen hin weichen
all veint mit irr gespenst.

15. Schein her an vnserm ende,
so vns das liecht erlischt,
da es vns ligt gar strenge
manigerlay enprist!

16. Dan leicht vns in das leben.
das dw pist, warer got,
all sünd vns hie vergeben,
vnd wir nit sterben dort!

17. Das sey also gesungen
zw lob dem liechten tag:
dem waren gotes sune,
der her geparen ward.

LXVI.

Ain rueff czw der junckfrawen.

O maria.

1. O maria, wir dich hie an rüffen (Bl. 110a)
Vnd, muter gotz, von ganczem herczen
grüssen:
Aue, junckfraw rain, schön an end.
Der herr mit dir, warr got vnd mensch!
Hilf vns, das wir hie püessen!

2. O maria, muter der genaden, [Bl. 110b]
Tail vns die mit, zw dir wir hofnung
haben.
Vnd, muter der parmherczigkait,
Ste vns pey in allem laid!
Dein sun dir nichtz versaget.

3. O maria, himlkūniginne,
Erparm dich vber vns hie armew kinde!
So vnsers lebens nicht mer sey,
So ste vns, muter gotes, pey
Vnd vns pelayt von hynne!
4. O maria, aller welt ain frawe,
Hilff vns, das wir dich dort an end an-
  schawen!

Dan loben wir dich ewigkleich
Mit deinem sun in seinem reich.
Hilf vns zw dir hin auffe!
5. O maria, trost der armen selen,
Die vm ir schuld dort leyden, hilf pegeren!
Parmherczigkait dw jn peweys,
Das jn dein sun ir schuld verezeich,
Vnd sie erlöset werden!

Die Melodie steht in der dorischen Tonart.

LXVII.

Ain frewntlichs rüffen vnd pegeren czw der junckfrawen.

Ich rüff czw dir.

1. Ich rüff zw dir. o junckfraw mit pegier.
  [Bl. 111 a]
O siech herab, hilff mir zw dir!
Ich dein peger vber alle ding auf erd,
Dw mild vnd reich. niembt dein geleich.
Erhör den, der hie zw dir schreyt
vnd pey dir sey!
2. Gedenck nit das, wer ich vil armer was!
Verezeich mir das, dw waist wol was!
Ewige magt, mein laid sey dir geklagt.
Erparm dich schier, hilff mir zw dir;
Schleuss auf das schreyn der gnaden mir,
ker dich zw mir!
3. Lass mich sein dein, deynn diener
  ewigkleich,
Vnd siech nit an die vngstalt mein;
Dy schuld ist mein, peklnid mich
  ainigs ain!
Gewer mich, fraw. als ich dir traw,
Parmherczerigklichen mich an schaw
vnd mich auf paw!
4. Dw junfraw werdt. jn himeln vnd in erd
  [Bl. 111 b]
Vor aller creatur geerd,
Vergis nicht mein jn allen freyden dein!

Tail mir die mit. des ich dich pit.
O künigin, verschmäch mich nit,
mein zwuersicht!
5. O kayserin des himelischen gaintz*,
Vergis nit hie der deinen kind
Im jamertal, also peladen gar
Manigerlay. hör ir geschray,
Dein parmherczigkait mit jn tail
jn allem layd!
6. O edlew frucht vber alle weibplich
  zucht,
Schleuss auf dein arm, mich czw dir czuck!
An meinem end mein sel enphach
  pehend!
Tött vor in mir all pösz pegier!
Dan kumb vnd pring dein kind mit dir,
dw waist wol wie!
7. Dw künigin, das lied ich dir hie sing
Zw lob vnd er mit deinem kind.
Des wil geschech an meiner armen sel.
Wär es zw vil. wär nit mein will.
Dar vm, junckfraw, dein kindlein still,
ja, wie das wil!

*Die Melodie zu diesem Liede ist nur aufgezeichnet bis zu dem Worte »pegier«.
Sie stimmt überein mit der Melodie zu Nr. LX.*

LXVIII.

Ain herezenliches rew oder layd lied von dem armen sünder
vnd am jüngsten tag.

Am jüngsten tag.

Am jüng-sten tag wirt es dy pu-sawn schal-len: Wol auf.

---
* H. gsinezt. Vgl. Nr. LX, 8, 1. * * Ist von einer späteren Hand hinzugefügt.

stet auf, Ir to-ten jung vnd al-te! Stet auf! es ist nun an der czeyt, Das jüngst ge-richt ist hie; stet auf vnd eylt!

1. Am jüngsten tag wirt es dy pusawn schallen: [Bl. 112a]
'Wolauf, stet auf, ir toten jung vnd alte!
Stet auf! es ist nun an der czeyt,
Das jüngst gericht ist hie; stet auf vnd eylt!'

2. 'Stet auf zw gricht! der richter ist gesessen. [Bl. 112b]
O iamer not! ain sünder sich wil rechen.
We, das er ye geparen ward,
Der nun mus leyden czyfaltigen tod!'

3. 'Stet auf! ir mugt euch nicht vor jm verpergen.
O arme sel, der leib mit dir musz sterben,
Doch nymmermer gesterben mag.
Stet auf! sech an den jämerlichen tag!'

4. 'Stet auf! ir mögt dem gricht da nit entrinnen.
We, we, we, we! es ist vber alle synne.
Stet auf vnd secht den richter an!
Enphach von jm ain yeder seinen lan.'

5. "Kumbt her, hort czw, ir ewigklich verdampten!
Hort zw, hort zw! vor mir müst jr euch schamen;
Das vrtail ich euch vellen wil,
Das ir veracht vnd lebt vnsicherlich.

6. "Mich hat gehungert, vnd mich nit thet speysen,
Der durst mich czwang, vnd rust vor euren hewsern
Elentigklich in czryssem gwant,
Vil schmach vnd schant must ich von euch oft leyden.

7. "Ich sand mein diener, euch zwunder weysen.
Ir hört ir nicht, vnd lebt nach ewrer weyse;
Was ich gepot, pehielt ir nye:
Was vrtail duncket euch? das sprecht auch ir!'

8. 'We, we, das wir ye her warden geparen!
Wir glaubten nicht, [Bl. 113a] das christus ward geparen;
Dar vm wir pillich faren ab,
Vnd vnser nymmermer hinfür gedacht.

9. 'We, we, das wir das vrtail sullen hören!
Wir glaubten wol, wie christus kam auf erden,
Doch sein gepot pehielten nicht;
Dar vm wir leyden pillich ewigklich.'

10. "Get, ir verfluchten, in das ewig fewre!
Vnd alle frewd, die sol euch werden tewre.
Dem luciper werd ir gleich,
Wirt sein eur got vnd ewigklich ewr freyd.

11. "Ffürt hin, ir geist, das volck mit leib vnd sele,
Volpringt mit jn eurn grim, lust, rach, neyd, wee.
Vnd aller vnfat mit euch ab.
Get hin vnd ewigklich verfluechet gar!

12. "Get her, gebenedeyten meines vaters!
Get her, get her, das reich von jm enphahet!
Von anfang euch perattet ist
Die ewig freyd, das leben ewigklich.

13. "Wan ir mich het alezeyt vor euren augen,
Get her, get her, mich ewigklich anschawen!
Was ich gepot, pehielt ir schan;
Dar vm get her, enpfacht pey mir den lan!

14. "Von meinen wegen habt ir vil gelitten
Vnd auch darzw [Bl. 113b] vil freyd vnd glüst vermitten;
Parmberczigkait peweist ir mir;
Wan ir die armen mir nye hie verliest.

— 75 —

15. "Mein leiden gie euch oft vnd dick zw
    herczen,
Mit danckperkait gedacht ir meiner
    schmerczen,
Vber alle dind het ir mich lieb:
Get dan, enphacht die ewig freyd pey
    mir!"

16. Dy tagweys sey euch allen hie gesungen.
Schawt auf, schaut auff, wohin ir wellet
    kummen.
Czwo stet euch ewigkleich perayt:
Der freyden vnd des leydens herczn
    laydez.

Die Melodie ist dorisch. Den weltlichen Text zu dieser Tageweise habe ich nicht ausfindig machen können. Das nächste Blatt 114 ist an verkehrter Stelle eingeklebt worden. Es muss folgen auf das Blatt 79. Das auf demselben aufgezeichnete Lied:

LXIX.
Ich schrey vnd rüeff auf erden.
Siehe unter Nr. L.

LXX.
Jherusalem, erfreyd dich nun!

1. Jherusalem, erfreyd dich nun! [Bl. 115a]
Got hat gesandt dir seinen sun
Jhesum christum, Jhesum christum.
frey dich nun vnd kum!
2. Er ist geparen auf dy erd,
Des man lang czeyt hat her pegert:
Der künig werd, der künig werd
himels vnd der erd.
3. Er ist gestigen von dem tron
Vnd hat gelegt die menschait an.
Schaw yederman,
hie die wunder an!
4. Er ligt hie in dem krippelein,
Im dient ain osch,* ain eselein
Dem schepfer sein,
mensch, lern hie dapey!

5. Nun lauffet zw dem kindelein! [Bl. 115b]
Es wil vns gar genadig sein,
Vm rew vnd layd
gybt es ewig freyd.
6. O pys gegrüst, dw kindelein.
Des höchsten sun in ewigkait
Vnd auch der mayd
junckfraw ewigkleich!
7. O Jhesu, edles kindelein,
Dw warer got vnd schepfer mein,
Nicht von vns sey
jn der leczten czeyt!
8. Erczaig vns dein parmherczigkait!
Wan all mein sünd die scind mir layd.
Dich zw mir naig,
mich zw dir perayt!

* lies: ochs.

9. Seind dw pist mensch geparen
   Zw trost vnd hail der gantzer welt,
   Mich zw dir ker!
   dein mein sel pegert.
10. O Ihesu kind, verschmäch mich nicht!
    Dw pist allain mein zwuersicht.
    Mich zw dir schick,
    herr, verschmäch mich nicht!
11. Mein grossew schuld ich dir pekenn:
    O milter ihesu, richt nit streng!
    An meinem end
    kum zw mir pehend!
12. Mein sel sich dein erfreyen thuet.
    Kum, kindlein ihesu, sy pehüet.
    Dw ewig gut,
    mach ir end hie gut!
13. Wan dw für sy gelitten hast,
    Dein plut vergossen gantz vnd gar.

Dw sy pebar
an der leezten fart!
14. O junckfraw, muter, künigin, [Bl. 116a]
    Dw edlew kindelpetterin,
    Mit deinem kind
    ker dich her zw vns!
15. Pytt, muter der parmherczigkait,
    Ffür vns dein kind vnd vns pelayt
    Aus allem laid
    jn dye ewig freyd!
16. Dan loben wir dich ewigkleich
    Mit deinem kind in seinem reich.
    Hilff, das ich schaid
    jn die ewig freyd!
17. Nun lob vnd er sey got gesayt
    Der heiligen driualtigkait,
    In ewigkait
    lob sey got gesayt. Amen.

Die Melodie ist dorisch. Ein ähnlich lautender späterer Text:

Erfreue dich, Jerusalem!
Dein Heiland liegt zu Bethlehem

steht bei Pailler, Weihnachtslieder aus Oberösterreich, 1881, Nr. 57.

LXXI.

Ain anders von dem kindlein, vnd man singt es wie das puer natus.

Ain kind geporñ zw Pethlehem.

1. Ain kind geporñ zw Pethlehem.
   des frey dich nun iherusalem,
   heb auf dein augen, jn erkenn!
2. Vnd ihesus ist der name sein
   der wil vns hailen ewigkleich;
   des freyet euch nun, arm vnd reich!
3. Nun kummet her! er ist geporn
   vnd ligt in ainer krypp her vorñ.
   des alle ding sind, ist da arm.
4. Nun merckt hie wunderlichew ding.
   wer da des kindleins diener sind:
   das ist ain esl vnd ain rind.
5. Es liget da in armut. [Bl. 116 b]
   wie man jm thuet, nymbt es für gut.
   es wil vergiessen hie sein plut.
6. Maria haist die muter sein
   vnd ist ain junckfraw ewigkleich.
   vnd nymmermer wirt ir geleich.
7. Josehff gerecht, weys vnd auch rain.
   dem seind pefolhen da dye ezway,
   das kind vnd auch dy junckfraw rain.
8. Nun sücht das kind, ir kindelein,
   jr alten, jungen auch da pey.
   vnd grüst dy junckfraw muter sein!
9. Vnd oppfert jm ain kränczlein,
   von weyssen, roten röselein!
   vnd das pedewt das leyden sein.
10. Vnd vallet für es auf eur knye!
    es ist der war got schöpffer hie,
    vor dem sich piegen alle knye.
11. Reckt auf eur hend, schlacht in eur prust!
    das kind das pringt vns freyd vnd lust
    vnd ist geporen her vm vns.
12. Dar vmb rüft an das kindelein
    vnd sücht das gar von herczen haim!
    wan es wil vns gar gnädig sein.
13. Vnd ezieeht hin ein gen Bethlehem!
    das ist: zw kirchen sult ir gen.
    da schet ir das kindelein.
14. Vnd ligt in dem krippelein [Bl. 117a]
    auff rainen weyssen tücchelein;
    der priester ist der pfleger sein.
15. Der hebt vnd legt das kindelein.
    das secht ir in den henden sein:
    das pettet an andächtigkleich!
16. Versawmbt euch nicht in diser czeyt,
    sücht haim das kind gar fleyssigkleich!
    der lan pey jm wert ewigkleich.

17. In diser hochwirdigen czeyt
    das kindlein gar in gnaden leyt:
    wer sein pegert, ist es perayt.
18. Mit freyden latt das in ewr haws!
    was vnnutz ist, das raumbt heraus,
    damit das kind nicht hab ain graws!
19. Enpfacht das gar mit grossem lust
    vnd schmuckt es lieblich an eur prust!
    was ir es pitt, gibt es vm sunst.
20. Das ir pehalt das kindelein,
    ewr thüer vnd ewrew venusterlein
    dye sullen wol verschlossen sein.
21. So vint ir es gar haimeleich
    vnd wert von jm dan vnderbeyst,
    war vmb es her geparen sey.
22. Vnd wert vernemmen wunderding,
    die mit jm her geporen sind,
    halt ir es recht mit disem kind.
23. Wo pistu sünder? tryt herfüer!
    [Bl. 117b]
    dye czeyt ist hin, das iar ist hie,
    das kind ist kummen her nach dir.
24. O spiler, irrer, herter mensch,
    dw vnrainer, das auch erkenn:
    wie wirt dir sein das kind so streng!
25. Lauff zw dem kindlein mit pegier,
    mit rew vnd layd nymb auch mit dir!
    es wirt noch sein genädig dir.
26. Wan wer sich hie versawmen thuet,
    der hat dort nymermer kain rue:
    Dar vmb eylt hie dem kindlein zwe!
27. O ihesu, edles kindelein,
    nun lass vns dir pefolhen sein,
    pehalt vns in den gnaden dein!
28. Vnd junckfraw, muter, künigin,
    dw edlew kindlpetterin!
    nun pit für vns dein liebes kind.
29. Das wir jn loben ewigkleich
    vnd dich mit jm in seinem reich!
    an vnserm end so ste vns pey!
30. Nun lob vnd er sey dir gesayt,
    dw heiligew driualtigkait,
    ain warer got vnd vngetailt.

Das Lied ist von den bis jetzt bekannten Liedern mit gleichem Anfange ganz verschieden. Vergleiche Wackernagel, Das deutsche Kirchenlied II. Nr. 904 ff; V, Nr. 1226 und 1393. Kehrein, Die ältesten kath. Gesangbücher I. Nr. 83 ff.

LXXII.

Es ist geporn ain kindelein.

Es ist geporn ain kin-de-lein: Nun sin-gen wir fro-fro,
Ffrofro, fro-fro! Von ai-ner rai-nen, schönen junckfrawn
ge-po-ren hoch. Ffro-fro, ü-ber al-le freyd auf erd,
layd ver-kert! fro-li-chen sin-gen wir fro-fro!

1. Es ist geporn ain kindelein: [Bl. 118a]
Nun singen wir frofro,
Ffrofro, frofro!
Von ainer rainen, schönen junckfrawn
   geporen hoch.
Ffrofro, vber alle freyd auf erd,
Layd verkert!
Frolichen singen wir frofro!
2. Es scheinet in dem kryppelein [Bl. 118b]
Vnd alle ding sind sein.
Eya, eya!
Vns wirt vergeben, gegeben das leben
   dort ewigkleich.
Eya, eya, frölich loben wir
Mit pegier
In diser czeyt das kindelein!
3. Nun eylen wir dem kindlein zw,
Ja das die junckfraw trueg.
Ffroleich, froleich!
An scherczen, an schmerczen, sälig.
   heylig ir werder leyb.
Ffroleich vber alle weyb auf erd!
Junckfraw werd,
Das wir dich loben ewigkleich.
4. Nun rüffen wir das kindlein an
Vnd dienen jm gar schan,
Gar schan, gar schan!
Schan miltigklichen wirt gegeben von
   jm der lan

Gar schan vber alles gut auf erd.
Jhesu werd,
verleich vns dort die ewig kran!
5. O Jhesu kind, verlass vns nicht
All sünt vns hie vergib.
Vergib, Vergib!
Vns armen verdarben, gefangen, vm-
   hangen mit stricken vil,
Viluil, vil manigerlay auf erd.
Jhesu werd.
Verleich des endez ain salges czil!
6. Dan loben wir dich ewigkleich
Pey dir, in deinem reich,
Jhesu, Jhesu!
O ihesu christe, vns erhör vnd zw
   dir ker,
Jhesu. ihesu christe, vns gewer!
Dw pist der,
Der vns pehalt dort ewigkleich.
7. Des singen wir dir lob vnd er, [Bl. 119a]
Der dw pist kummen her,
Herher, herher!
Von oben geczogen in leyden, freyd
   meiden auf diser erd.
Herher durch die himel auf dy erd,
Milter herr!
Des singen wir dir lob vnd er.

Die Melodie ist ionisch und hat Anklänge an das Lied »Resonet in laudibus« oder »Joseph, lieber Joseph mein« (Bäumker, Das kath. deutsche Kirchenlied I, Nr. 48).

LXXIII.
Es ist geporn ain kindelein.

1. Es ist geporn ain kindelein.
   Erfreyet euch, erfreyet euch,
   erfreyet euch von hereczen!
   Es ist geporn ain kindelein:
   Jhesus ist der name sein, [Bl. 119b]
   Jhesus ist der name sein],
2. Wunderleich ausz seinem reich
   Geporn her auf erterreich.
   Nemmen war all, arm vnd reich!
   Got der ist vns warden gleich,
   Dy menschait hie an sich gelayt
   Zw freyden vns dort ewigkleich:
   Ffreyt euch, ffreyt euch, arm vnd reich!
3. Sûchen wir das kindelein,
   Erfreyet euch etc.
   Sûchen wir das kindelein
   Vnd rûffen an den namen sein!
   Es wil vns gar genädig sein,
   Erlösen von der hellen pein.
   Sûchen wir das kindelein!
4. Lernt erkennen dises kind,
   Erfreyet euch....
   Lernt erkennen dises kind.
   Von dem man wunder list vnd singt
   Vnd herschet vber alle ding!
   Das pitten wir vmb vnser sûnt,
   Pitten wir vmb vnser sûnt!

5. Ir väter, mûter, sehet an,
   Erfreyet euch....
   Ir väter, mûter, sehet an!
   Zw ihesu lernt die kindlein schan.
   Welt ir pesiczen disen lan, [Bl. 120a]
   Den ihesus gibt, die ewig kran!
   Lernet, lernet die kindlein schan!
6. Nun loben wir das kindelein, Erfreyet...
   Nun loben wir das kindelein
   Vnd auch dy lieben muter sein.
   Ain junckfraw jmer vnd ewigkleich,
   Loben wir sie herezenleich!
7. O edlew himelkûnigin, Wir freyen....
   O edlew himelkûnigin
   Vnd sälgew kindlpetterin.
   Pit für vns dein liebes kind,
   Am leesten end dan zw vns kûm
   Vnd vns mit dir pelaytt von hinn.
   Pit für vns, dw kûnigin!
8. O milter ihesu, tail vns mit,
   Wir erfreyen....
   O milter ihesu, tail vns mit,
   Des dich dein liebew muter pit
   Dienmûtigkleichen vor der krypp!
   Erhör vns vnd verlass vns nicht.
   Erhör vns vnd verlass vns nicht!

Die Melodie steht in der ionischen Tonart. Die ?-Vorzeichnung ist zu ergänzen, was schon daraus hervorgeht, dass an einer Stelle dem e ein ♭ vorgeschrieben ist.

LXXIV.

Von ainem garten, dar ausz man auch wol ethwas mag nemmen.

Ein gartt, ain edler garten.

1. Ein gartt, ain edler garten,
   den ain yeder pflanczen sol,
   dar jnnen krewtlein wagsen. [Bl. 122a]
   jn die himel riechen wol.
2. Von dem ist wol czesingen;
   wan er ist gar tugentreich
   vnd gar sûessz frûcht her pringet,
   die da werden ewigkleich.
3. Wem diser frûcht mag werden,
   der hat wun vnd freyd gar vil,
   den hungert nymmermere,
   noch der durst jn czwingen ist.
4. Ja, wer die frûcht mag haben,
   aller prechen ist er frey;
   dar vmb pflanczt disen garten,
   davon ir lebt ewigkleich!
5. Wer aber des nicht achtet,
   alle vnkrawt reytt nicht aus,
   dem pringt er grossen schaden,
   vngeschmach vnd sölchen graws.

6. Ewigen durst vnd hunger,
   allen prechen auch da pey,
   ain yeder sey da munder;
   wan es wert auch ewigkleich.
7. Dar vm pflanczt recht den garten!
   so newst ir der frûcht gar hoch.
   kain vnkrawt da last wagsen,
   nembt der krewter ewen war!
8. Der grund ist rechter glauben, [Bl. 122b]
   das der vest vnd ganez peleyb,
   darauf man dan mag pawen
   disew krewter tugentreich.
9. Dy maur vm disen garten
   ist genant dy stätigkait.
   dy sol sein vest vnd hoche,
   das kain dieb dar vber raich.
10. Das thor ist gottes vorchte.
    da mit thue peschliessen wol
    den garten vor gewalde;
    wan der veint ist vil dar vor.

11. Ffünf fensterlein dar jnne
süllen sein gar wol pebart:
das seinen die fünf synne.
dar durch hütt man dises gartz.
12. Auch must dw jn vor dungen
mit diemutigkait gar wol.
da von die krewtlein kummen,
wagsen auff prayt. weyt vnd hoch.
13. Dar auf magst dw dan pflanczen
deinen garten also vol.
wer da für reytt vud spranczet.
das er jm auch riech gar wol,
14. Vnd sich dar ab pestereke
nach den krewtern plangen sey,
vnd irer tugend mereke.
vnd auch pflancz den garten sein.
15. Von ersten must dw pflanczen [Bl. 123a]
gar czway edlew krewtllein.
die ryechen auf gar schane
jn die himel weyt vnd prayt:
16. Das erst haist gottes liebe.
vnd das ander ist dem gleich;
da mit musz man sich yben.
wan dye frucht wert ewigkleich.
17. Das ander, solt dw mercken.
haist die lieb des nachsten deins,
da mit thuet man sich stercken
vnd dy frucht pringt grosse freyd.
18. Wan aine an die ander
jn dem garten nicht pestet.
seczt dw sie nicht czwsamen.
all dein arbeit ist nichtz wert.
19. Thustu die recht pebaren,
in dein gärtlein pflanczen wol,
so wagsen sie dir hoche
fullen dir den garten vol.
20. Von disen czwain euspringen
alle ander krewter gut,
ob dw sie pflanczt mit synnen
vnd sie haltzt in stater huet.
21. Ain krawt must dw auch haben,
ist genant Geduldigkait;
das hat an jm dy krafte,
all dein veint von dir vertreybt.
22. Gerechtigkait ain krewtlein [Bl. 123b]
seez auch in den garten dein.
nicht vast czw eng noch weyte.
das es geb auch seinen schein!
23. Zw dem seez noch ain krawte!
ist parmherezigkait genant,
das wegst mit disem auffe:
die czway müssen sein gemengt.
24. Mer ains seez in den garten!
ist genant peschaidenhait.
des musz man ewen warten.
andrew krewter das perayt.

25. Milttigkait ist ain krawte.
seez czw der peschaydenhait!
dar czwe must dw oft schawen,
wild das es dir riechen sey.
26. Ain krawt ist aleczeyt grüene,
gotbilligkum ist es genant;
das wegst an alle müee.
ethlichen gar wol erkant.
27. Noch ist ain krawt gar tewre,
das haist junigklichs gepet;
das gleicht sich czwe dem fewre.
wan es dringt auf in die höch.
28. Vnd reucht auf in die himel.
wol dem, der es pflanczen kan!
der wirt erfreyet jmmer.
so er kumbt in enes land.
29. Wer dises krawcz wil uyessen, [Bl. 124a]
der musz in den garten gan.
sich nicht lassen verdriessen,
andrew krewter dar czw han.
30. Mer ist ain edles krewtlein,
gut gepard ist es genant;
das dunckt ethlich gar veintleich
vnd nicht allen wol erkant.
31. Noch ist ain kraut vorhanden,
des solt dw auch nicht erpern.
das ist also genante:
alle ding zwm pesten kern.
32. Das krawt ist kreftig. gute.
wenig lewten wol erkant;
des solt dw gar wol hütten
wan dauon wirt dir der lan.
33. Noch hab ich ains vernummen.
das ist auch gar tugentreich.
sein sam vom himel kummen,
das das auch im garten sey.
34. Dw solt nicht widerklaffen
'also ist das kraut genant.
noch nachreden deim nagsten.
das halt schon vnd auch das pflancz!
35. Von andern lewten sünden
schweig. muit leyd, wo dw die siechst.
schaw dich selb an geschwinde!
lernet dich das kreütlein hie.
36. Vnd wild dw also wandeln [Bl. 124b]
hie für einen cristen gut,
hör nicht gern von den andern!
afterkosen ist nicht gut.
37. Hast dw die kreuter alle,
noch must aines dar zue han,
das haisset danckperkayte.
vnd das nymmer von dir lan.
38. Also pflancz deinen garten
auf ain solchen guten grunt
mit disen krewtlein czarten:
ewig freyd dir da von kumbt.

39. Vnd thue dar aus auch geten
 alle vnkrawt gar mit vleys,
 an allen enden seczen
 guten frid, so wirst dw reich.
40. Dar ausz so wägst ain pluemen,
 geistlich freyd vnd süssigkait,
 nach ihesu wirt dich plangen,
 seiner gegenbürttigkait.
41. Nun sullen du auf wagsen
 dysew kreüter tugentreich
 jn deines herczen garten,
 so leg dar an deinen vleys.
42. Mit disen krewtern allen
 laczt dw ihesum czw dir ein.

wan er hat wolgefallen
 an aim sölchen gärtlein vein.
43. Wild, das er dir peleybe [Bl. 125 a]
 vnd dar jnn spacyeren sey,
 so thue pösz kraut ausreytten,
 vnd das nicht jm garten sey.
44. So gibt er dir den segen
 vnd peschleüst das gärtlein dein
 pys in das ewig leben,
 da die frücht wern ewigkleich.
45. Das sey czw lob gesungen
 got, der alle ding peschueff:
 das wir all dahin kummen,
 do dan ist ewigew rue.

Die zu diesem Liede aufgezeichnete Melodie findet man bei Nr. LII besprochen.

LXXV.
Von dem kindlein ihesu. [Bl. 125 b]
Wolauf! loben wir das kindelein.

1. Wolauf! loben wir das kindelein,
 herczenleich,
 ja der hohen czeyt
 vnd also gnadenreich,
 der nye ward geleich.
 Wer nun well, der mag werden reich.
 Wir vnd auch die grossen,
 die plossen,
 die klainen,
 gemainen,
 sullen sein perait,
 Dem kindlein nun zw dienen.
 dar ab versawm sich nyemantz:
 frölich eylund auf
 in das leben!
2. Wer nun well des kindleins diener sein,
 freyd, layd, pein
 sol jm gleich hie sein
 vnd dienen jm allain;
 gros der lan wirt sein.
 Der wirt dort ewig frölich sein.
 Lauffen wir mit freyden
 vnd eylen
 vnd süchen
 vnd grüssen
 hoch das kindelein.
 Das da ist geparen
 aus ainer junckfrawn waren,
 warer got vnd mensch!
 eylt, eylt, kömbt, kömbt!
3. Seind dw, ihesu, nun geporen pist,
 als man list,
 vnd an czweyfel ist,
 vnd sein des nun gewis,
 vnser nit vergis!
 Wan vnser aller hayler pist.

Gnad vns allen, gefallen
 vnd armen,
 verdarmen,
 gefangen
 vnd gepunden ser.
 Seind dw pist her kummen,
 vnd haben dich gefunden,
 ihesu, kindelein,
 leyd, leyd, hail vns!
4. Ihesu, seind dw vns pist warden gleich,
 [Bl. 126 a]
 nicht vereczeich,
 der hie zw dir schreyt,
 jn noten stch jm pey,
 seiner sünd mach frey!
 Dar vm, ihesu, heb an, nur leyd!
 Seind dw ye wild leyden,
 vns freyen,
 vereczeyhen,
 vertreyben
 vnser schuld des tötz,
 Nicht lassen dich verdriessen,
 dein plut für vns vergiessen,
 heyligs kindelein,
 leyd, leyd, hail vns!
5. Wer das kindlein nun vernummen hat,
 der köm drat,
 ee es werd zw spat;
 pey jm ist alle gnad,
 wer die von jm hat
 Vnd sy pehalt, nit von jm iagt.
 Der mag frölich singen
 vnd springen,
 sich freyen
 der freyden
 in der ewigkayt.

Bäumker, Deutsches geistliches Liederbuch. 6

Der sy nicht wil haben,
der mag wol wainen, klagen
villeicht ewigkleich.
Ihesu, hayl vns!

6. Pys gegrüst auch, junckfraw, künigin,
mit dem kind!
vnser end mach lind,
am leczten zw vns küm!
vns pelayt von hynn
Ihesu zw. deinem lieben kind.
Da wir dich dan loben
dort oben
mit freyden
vnd schreyen
heylig ewigkleich!
Lass vns nicht verderben,
nach vnserm end dort sterben.

pit dein kind für vns,
ihesum christum!
7. Lob, lob, lob vnd er sey got gesagt,
auch der magd. [Bl. 126 b.
dy vns her gepar
den hailer offenbar.
jn der krippen lag
Diemütigklichen arm vnd schwach.
Schawen wir die wunder,
pesunder
die czaichen,
vns waichen
zw dem kindelein.
Schawen wir die dierlein,
die irew knydlein piegen.
lob sey got vnd er
in dem himel!

LXXV a.
Der Tenor.

O ihesu, heiligs kindelein,
Warer got, ewiger schöpfer mein.
Lass vns pey dir dort sein
ewigkleich in deinem reich,
ihesu!

Sälig, heilig, ewigkleich
Dein gnad vns alezeyt verleich,
das wir dich hie loben,
dort auch ewigkleich!

LXXV b.
Der altt.

Vnser hailer ist hie,
wolauf! fröhlich kumbt schier,
jr reich vnd arm!
er ist geparñ,
er ist vns kummen,
den die propheten vorlang
haben gesungen.

Suchen wir jn pald vnd kummen
zw der krippen, schawen die wunder!
Er ist warlich gotes sune. [Bl. 127a.]
Petten wir jn an gar schau
vnd pitten jn für vnser sünde!
Ihesu christe, heiligs kindelein,
Nun lass vns dir pefolhen sein
vnd vns pehüt dort vor aller pein!

Nummer LXXV enthält Krippenlieder, die nacheinander von verschiedenen Stimmen gesungen wurden.

LXXVI.
Ain halt lied von dem kindelein.
Nun halt mir schan.

1. Nun halt mir schan, dw frewnt der mein,
vnd frey dich mit mir jnnigkleich!
wan vns ist kummen grossew freyd.
2. Vns ist geporn ain kindelein
von oben her auf erterreich,
des frey dich mit mir herczenleich!

3. Von ainer magt ist es geparn,
ain junckfraw rain jn auserkorn,
ain junckfraw rain hernach vnd varn.
4. Es hat verlassen dort sein reich
vnd sich gemacht vns hie geleich
jn armut, vns dort machen reich.

5. Sein gleich ward nye mer her geparn
   als diemütig, geduldig, arm:
   des allew ding sind, ist da arm.
6. Es ist, der alle ding peschueff:
   ain warer got vnd mensch dar zwe,
   vm adams val hie thain genueg.
7. Es ligt nun in dem krippelein [Bl. 127b]
   das heilig. sälig kindelein,
   wil für vns leyden alle pein.
8. Ain krewcz auf seinen ruck gespant;
   es wil hie leyden schmach vnd schant
   vnd sterben vm das vaterland,
9. Sein grossew lieb vns tailen mit,
   das wir jn lieben auch damit.
   vergessen wir des kindleins nicht!
10. Ain yeder mensch der lern nun wol:
    was er hie thain vnd lassen sol,
    wil er dem kind gefallen wol.
11. Das kind, der himel vnd die stern,
    dy sunn, der man vnd auch die erdñ:
    dye weysen vns den höchsten herrñ.
12. Dem sûllen wir hie dienen schan,
    vber alle ding vor augen han;
    wan der gibt vns den rechten lan.
13. Des helff vns das lieb kindelein,
    mit seinen gnaden pey vns sey,
    vnd wir jm dienen ewigkleich.
    pausa.
14. Halt mir noch lenger, frewnt der mein!
    das kindlein sol dein lon dort sein,
    pehütten dich vor aller pein.
15. Noch wellen wir nicht abelan,
    das kindlein grüssen, petten an,
    mit freyden loben, dienen schan.
16. Pys grüst, ihesu, dw kindelein, [Bl. 128a]
    dw warer got vnd schöppfer mein,
    von hercren wir pegeren dein!
17. Pistu nun kummen oben her,
    hie für vns leyden auf der erd,
    o ihesu, kindlein, vns erhör!
18. Von erst ich dich von hercren pitt:
    verlassz den armen sünder nicht,
    dw waist wol, wer, wie, wo, womit!
19. Erparm dich sein hinfür noch mer,
    seind dw pist kummen auf dy erd,
    all sünder hie zw dir peker!
20. Erparm dich hie, mach vns dort frey
    von allen sünden, freydenreich.
    vnd wir dich loben hercrenleich!
21. In allen nötten ste vns pey,
    ain sälges end darzw verleich!
    des pitten wir dich jnnigkleich.
22. Nym dir zwlob hie dicz gesangk,
    von ainfeltigen hercren danck,
    mach vns nach dir die weyl hie lanck!
23. Dan eylen wir, ihesu, zw dir
    vnd alle ding vernichten hie:
    wan allew freyd allain pey dir.

Von der muter vnd junckfrawen.

24. Pys vnuerdrossen, halter mein!
    [Bl. 128b]
    wir wellen lenger frölich sein
    vnd loben auch dy muter rain.
25. O junckfraw, muter, künigin,
    pys auch gelobt mit deinem kind.
    dw sälgew kindelpetterin!
26. Was lob aber wir erpieten dir,
    wir armew würmlein kriechen hie?
    allain dein gnad küm vns von dir.
27. Dan mügen wir gar frölich sein,
    dein lob vnd er mit freyden schrein
    vnd auch deins hercren kindeleins.
28. Was vns enpricht auf erterreich,
    des werst gelobt jm himerreich.
    dein gnad vns armen nicht verczeich!
29. Mein sel vnd leyb pefilch ich dir,
    dw, muter gotz, hilff mir zw dir,
    mein schuld gen dir verczeich hie mir!
30. Vnd auch all sünder zw dir ker
    jn rew, peicht, pussz, auf diser erd,
    hilff muter gottes, vns erhör!
31. Vnd pitt für vns dein kindelein
    vnd vns jm lasz pefolhen sein,
    ain sälges end vns hie verleich!
32. Dw, vnser hofnung. vns erhör!
    vber alle creatur auf erd
    dein kindlein dich alczeyt gewert.
33. Damit sey lob vnd er gesagt
    dir, muter gotes, raine magt,
    mit disem lob gar klain pegabt!

LXXVII.

Erstanden ist der heilig crist.

1. Erstanden ist der heilig crist, alleluja,
   [Bl. 129a]
   der aller welt ain tröster ist, alleluja.
2. Der nun den tod erliten hat, alleluja,
   vmb vnser aller missetat, alleluja.
3. Vnd wär er nicht erstanden,
   die welt die wär ezergangen.
4. Vnd seind das er erstonden ist,
   so loben wir got, den heiling crist!
5. Drey frawen kummen zw dem grab
   vnd prachten salben mit jn dar.
6. Sye retten zw einander schan:
   'wer walezt vns disen stain herdan?'

7. Als sie das retten, pald darnach
den stain sie sahen ab dem grab.
8. Der engel gottes jn erschain
jn jungling weys, in weyssem klayd:
9. 'Wem suchet ir, jr frawen hie?'
jn grosser forcht erschracken sie.
10. 'Nun furcht ewch nicht', der engel
sprach,
'er ist erstanden von dem tod!
11. Get hin vnd sagt den jungern das
vnd petro auch pesundebar!

12. Er ist erstanden von dem tod
als er euch vor gesaget hat!'
13. Dye frawen schiden von dem grab,
mit freyden jn verkuntten das.
14. Des tags, als crist erstanden was,
den seynn erschain zwm fünften mal.
15. Daran kain mensch nicht czweyffeln sol,
[Bl. 129b]
er sey erstanden von dem tod.
16. Vnd darnach auf gen himl gefarn
vnd richten an dem jüngsten tag.

Der Text ist eine Ueberarbeitung des bekannten Liedes mit gleicher Anfangszeile. Vergleiche Wackernagel a. a. O., II, Nr. 952 ff.: V, Nr. 1442. Kehrein, a. a. O., I, Nr. 211 ff.

LXXVIII.

Erfrey dich himelkünigin.

1. Erfrey dich, himelkünigin,
erfrey dich, muter, deines kintz!
2. Wan er vom tod erstanden ist
vnd hinfür lebet ewigklich.
3. Erfreyd dich nun an vnderlosz!
wan dw mit jm geliten hast.
4. Erfrey dich nun dort ewigkleich
mit deinem sun in seinem reich!
5. Erfrey dich, himelischew part,
an vnserm end dw vnser wart!
6. Vnd pitten dich, verlassz vns nicht,
so wir von hinnen schaiden hin.

7. Pelayt vns mit dir in das reich,
da wir got loben ewigkleich.
8. Erfrey sich nun alls himlisch her
vnd alle creatur auf erd!
9. Erfrey sich noch der sünder mer,
von sünden sich zw got peker!
10. Des helff vns, der erstanden ist,
vnd mit jm leben ewigklich.
11. Nun lob vnd er sey got gesagt,
der vns erlöst mit seinem tod:
12. Das er vns well genädig sein,
pehütten dort vor aller pein.

Das Lied ist von dem bekannten »Freu dich, du Himmel-Königin« ganz verschieden. (Wackernagel, a. a. O., II, Nr. 1120; Kehrein, a. a. O., I, Nr. 246; II, Nr. 395.)

LXXIX.

Es ist nun alls vergangen.

1. Es ist nun alls vergangen, [Bl. 130a]
nach dem mich thet verlangen,
dye czeyt ist hin nach vngebin,
des ich mich nun muesz schamen.
2. Mein czeyt thet ich verezeren,
der sünd mich nit erberen,
das ich nun klag pys an mein end,
got mir das well vergeben!
3. Ich hab mit meinen sunden
dy helle dort gefunden. [Bl. 130b]
o, got erparm sich vber mich,
mach mir mein sel gesunde!
4. Es get nun zw dem ende,
der tod kumbt schier pehende.
maria, muter, ste mir pey
an meinem leczten ende!
5. Kumb, muter der genaden,
dye veint von mir thue iagen

vnd pit für mich dein kindelein,
vnd ich wil nit verczagen!
6. So ich nun lig, wil schaiden
jn schmerczen vnd in layden,
kum mir zw trost in meiner not.
nach got allain mein haile.
7. Pelayt mich, fraw, von hinnen
czw ihesu, deinem kinde,
vnd mich dir lass pefolhen sein.
dw himmelküniginne!
8. Gedenck nit meiner schulde
erbirb mir, fraw, vor hulde,
ee ich peschlews das ende mein
rew, peicht vnd puess, geduldc!
9. Auch rüff ich mer all heyling an,
an meinem end mir pey czestan
vnd pitten, der sie hat erbelt,
czw freyden ewigkleich geczelt.

Titel der öfters angeführten Bücher.

Bäumker, Wilhelm, Das katholische deutsche Kirchenlied in seinen Singweisen. Auf Grund handschriftlicher und gedruckter Quellen bearbeitet. 3 Bände. Freiburg im Breisgau. Herder'sche Verlagshandlung. I. Bd. 1887; II. Bd. 1883; III. Bd. 1891.

—— Niederländische geistliche Lieder nebst ihren Singweisen aus Handschriften des XV. Jahrhunderts. Leipzig, Breitkopf & Härtel 1888 (Vierteljahrsschrift für Musikwissenschaft IV. Jahrg. 2. und 3. Heft).

Böhme, Franz M., Altdeutsches Liederbuch. Volkslieder der Deutschen nach Wort und Weise aus dem 12. bis zum 17. Jahrh. Leipzig. Breitkopf & Härtel. 1877.

Erk-Böhme. Deutscher Liederhort. Auswahl der vorzüglicheren Deutschen Volkslieder, nach Wort und Weise aus der Vorzeit und Gegenwart gesammelt und erläutert von Ludwig Erk. Im Auftrage und mit Unterstützung der Königl. Preußischen Regierung nach Erk's handschriftlichem Nachlasse und auf Grund eigener Sammlung neu bearbeitet und fortgesetzt von Franz M. Böhme. 3 Bde. Leipzig. Breitkopf & Härtel. I. und II. Bd. 1892; III. Bd. 1894.

Grimm, Jacob und **Wilhelm,** Deutsches Wörterbuch, fortgesetzt von Dr. M. Heyne, Dr. R. Hildebrand, Dr. M. Lexer, Dr. C. Weigand, Dr. E. Wülcker. Leipzig. Hirzel 1852—1893. 53 Lieferungen (erscheint noch).

Hofmann, Rudolph, Das Leben Jesu nach den Apokryphen im Zusammenhange aus den Quellen erzählt und wissenschaftlich untersucht. Leipzig. Friedrich Voigt. 1851.

Jacobi a Voragine, Legenda aurea, vulgo historia Lombardica dicta. Ad optimorum librorum fidem recensuit Dr. Th. Graesse. Editio secunda. Lipsiae, Impensis librariae Arnoldianae MDCCCLI.

Kehrein, Joseph, Die ältesten katholischen Gesangbücher von Vehe, Leisentrit, Corner und Andern in eine Sammlung vereinigt. 3 Bde. Würzburg, Stahel'sche Buch- und Kunsthandlung. I. Bd. 1859; II. Bd. 1860; III. Bd. 1863.

Keppler, P., Zur Passionspredigt des Mittelalters im Historischen Jahrbuch der Görres-Gesellschaft III. Bd. 2. Heft. Münster 1882, S. 285 ff., IV. Bd. 2. Heft. München 1883, S. 161 ff.

Lentolphus de Saxonia, Meditationes vitae Jhesu Christi. Nürenberg p. Anthonium Koburger 1478.

Lexer, Matthias, Mittelhochdeutsches Taschenwörterbuch. Vierte Auflage. Leipzig. S. Hirzel 1891.

Reinsch, Dr. Robert, Die Pseudo-Evangelien von Jesu und Maria's Kindheit in der romanischen und germanischen Literatur. Mit Mittheilungen aus Pariser und Londoner Handschriften versehen. Halle. M. Niemeyer 1879.

Schade, Oskar, Altdeutsches Wörterbuch. Zweite umgearbeitete und vermehrte Auflage. Halle a. S. Verlag der Buchhandlung des Waisenhauses 1872—1882.

Schmeller, J. Andreas, Bayerisches Wörterbuch. Zweite mit des Verfassers Nachträgen vermehrte Ausgabe bearbeitet von G. Karl Frommann. München, Rudolf Oldenbourg. 2 Bde. I. Bd. 1872; II. Bd. 1877.

Suso, Heinrich, genannt Amandus Leben und Schriften. Nach den ältesten Handschriften und Drucken.... von Melchior Diepenbrock. Mit einer Einleitung von J. Görres. Vierte Auflage. Regensburg, Georg Joseph Manz. 1884.

Tauleri, D. Joh., Geistreiche Betrachtungen des Lebens und Leidens Christi in dem Sammelwerke: Des hocherleuchteten und theuren Lehrers D. Joh. Tauleri Predigten... samt dessen übrigen geistreichen Schriften... nebst einer Vorrede D. Philipp Jacob Speners. Franckfurt am Mayn und Leipzig, Joh. Friedr. Gleditsch. 1703.

Wackernagel, Philipp, Das deutsche Kirchenlied von der ältesten Zeit bis zum Anfang des XVII. Jahrhunderts. 5 Bde. Leipzig, B. G. Teubner. I. Bd. 1864; II. Bd. 1867; III. Bd. 1870; IV. Bd. 1874; V. Bd. 1877.

Weinhold, Dr. Karl, Bairische Grammatik. Berlin. Ferd. Dümmler's Verlagsbuchhandlung. 1867.

—— Mittelhochdeutsche Grammatik. Zweite Ausgabe. Paderborn, Ferd. Schöningh. 1883.

Anmerkungen.*

Nr.	Strophe	Zeile	
I,	1,	1	*mariam.* Die Eigennamen sind in der Handschrift meistens mit kleinen Anfangsbuchstaben geschrieben, selten mit großen.
	2,	1	*ain.* ai, ay steht gewöhnlich für das mittelhochdeutsche ei ey; dagegen ist das mittelhochdeutsche î aufgelöst in ei ey. Weinhold. Bairische Grammatik §. 78. *pote* Bote. p steht im Anlaut fast regelmäßig für b. Weinhold §. 121.
	2,	2	*dy* oder *dÿ* die. y, ÿ steht oft für ie, auch für i.
	3,	1	*zw* oder *zů* zu *junckfraw* Jungfrau } statt u bezw. ů hat die Handschrift oft w oder ŵ.
	3,	2	*czelle* Zelle. z wird gewöhnlich mit vorgesetztem c (cz), mitunter auch mit vorgesetztem t (tz) geschrieben. Weinhold §. 152.
	4,	2	*oberland* Himmel.
	5,	2	*erkant* bekannt.
	6,	2	*vant* fand. v steht vielfach anstatt unsers f.
	7,	1	*hoffenlich* heißt mhd. hoffend, Hoffnung erweckend. Hier wird es wohl = *hovelich* sein: höflich. Das n wäre dann eingeschoben. Weinhold §. 168.
	8,	1	*Aue* Ave. Anstatt unsers v steht öfter u.
	10,	1	*sach* sah. Im Auslaut wird gewöhnlich anstatt h: ch geschrieben. Weinhold §. 185.
	10,	2	*anthurt* mhd. antwurt. Weinhold §. 29. b steht im Anlaut oft für w. Daselbst §. 124.
	11,	1	*vngeböndlich* ungewöhnlich. Zunächst v für u, dann b für w. Der Buchstabe d ist eingeschoben. Weinhold §. 148.
	11,	2	*verbundern* verwundern. Vgl. 10, 2.
	13,	1	*enphahen* empfangen. Weinhold §. 128. *geperen* gebären. Weinhold §. 47.
	13,	2	*schlächt* Geschlecht. *erlürst* nur an dieser Stelle, sonst immer »erlöst«. Über den Einschub des r vgl. Weinhold §. 163. *werñ* werden.
	14,	1	*engl* = engel. Nach der Melodie ist hier und an andern Stellen das Wort zweisilbig zu nehmen.
	14,	2	*vnderbeys* unterweise. Vgl. 10, 2.
	15,	1	*Wye* wie. *müg geperen* vermöchte zu gebären.
	15,	2	*nye* nie; *thet* thäte. Weinhold §. 47.
	16,	2	*mügelich* möglich.
	17,	1	*würcken* wirken.
	17,	2	*geparen* geboren. a steht häufig für o. Weinhold §. 6.
	18,	1	*sun* Sohn.
	19,	1	*peleiben* bleiben.
	20,	1	*mer* mehr.
	20,	2	*nymbar* nimm wahr.
	21,	1	*freuntin* Freundin.
	22,	1	*maneyd* Monat; *seind* sind.
	22,	2	*erfreyd* erfreut. ei, ey steht oft für eu = öu. Weinhold §. 79.

* Um dem Laien es zu ermöglichen, sich in die Handschrift einzulesen, ist das erste Lied ausführlich behandelt worden.

Nr.	Strophe	Zeile	
I.	24,	1	*diern, dieren* Magd, Dirne ohne üble Nebenbedeutung.
	24,	2	*geschech* geschehe. Vgl. 10, 1.
	26,	1	*keusch* keusch. Vgl. 3, 1.
	27,	1	*gepruch = gesprüch*.
	28,	2	*eylund* eilend. Weinhold §. 289.
	29,	1	*freyden* Freuden. Vgl. 22. 2.
	29,	2	*schan = schon* auf schöne, freundliche Weise. Vgl. 17, 2.
	31,	1	*schier* sogleich, sofort.
			enpfant empfand.
	31,	2	*zuhant* alsbald.
	32,	1	*wan* hochdeutsch *wannen* woher. Schmeller II, 916. *kumbt* kommt. Weinhold §. 126.
	34,	1	*ewigkleich* ewiglich.
	35,	2	*drew* drei. eu steht oft für ei. Weinhold §. 87.
	36,	2	*czoch* zog.
	38,	1	*sach* sah. Vgl. 10, 1.
	39,	1	*west* wußte. Prät. von wissen.
			disew = disiu diese. Weinhold §. 84.
	39,	2	*kindes* Kindes. z vertritt die Genitivendung s. Weinhold §. 152.
	40,	1	*haimeleich* heimlich; *er jm gedacht* dachte er sich.
	40,	2	*mochte* vermöchte, könnte. Weinhold §. 325.
	41,	1	*gotz* Gottes. Vgl. 39, 2.
			understain sonst *understen* abwehren, verhindern. Weinhold §. 271.
		2	*erschain* hier und sehr oft ist t am Ende abgefallen. Weinhold §. 143.
	42,	1	*den gemahel* das ist Maria. ebenso IX, 21, 4 *deinen gemahel*.
	48,	2	*vnbirdig* unwürdig. Weinhold §. 19. *gedacht* deuchte.
	50,	1	*gesayt = gesagt*. Weinhold § 65.
	50,	2	*heiligew = heiligiu*. Vgl. 39, 1.
			driualtigkait Dreifaltigkeit. u anstatt v kommt oft vor.
	54,	1	*pet* Gebet. 54, 2 *an* ohne.
	57,	1	Nach Bonaventura und andern Schriftstellern wurden die der Sodomiterei Schuldigen in der Christnacht auf der ganzen Erde vernichtet. Hofmann. Das Leben Jesu 1851, S. 111.
	58,	1	*auspelibm̄ = auspeliben*. Weinhold §. 139.
II,	4,	1	*erscharcken* steht nur an dieser Stelle, sonst heißt es immer »erschracken.« Über die Umstellung des r vgl. Weinhold §. 163.
	9,	1	*menige* Menge.
	10,	2	Als Christus geboren wurde, herrschte Friede im ganzen römischen Reiche, sodaß der Janustempel geschlossen werden konnte. Der Lobgesang der Engel »Friede auf Erden!« ging demnach in Erfüllung. Orosius. lib. VI. c. 21 bei Hofmann a. a. O., S. 110.
	16,	2	*himelm̄ = himelen*. Vgl. I, 58, 1.
	19,	2	*hert* schmerzlich.
	21,	1	*achtist* achte. Weinhold §. 259.
III,	10,	2	*vur* vor.
	11,	1	*mos* Sumpf.
	12,	2	*werder = weder*. Einschub des r. Vgl. Weinhold §. 163.
	24,	2	*ster = steren* Stern.
	26,	2	*pür = gepür* Art und Weise, wie sich etwas zeigt. Schmeller I, 186.
	27,	2	*wand* wohnt.
	31,	2	*gunden = begunden* begannen.
	37,	1	*vnd (ich* auch *köm*. Vgl. XI, 19, 1.
	39,	1	*der die = daß du*.
IV,	7,	1	*hiet* Conj. Präs. von haben. Weinhold §. 321.
	14,	1	Mit großen Gaben, einem schönen Zeichen der äußeren Ehrerbietung.
V,	4,	1	*schuppfe* bedeckter Gang, Schuppen. Schmeller II, 442.
			ob über, auf.
	5,	1	Für die alte Tradition, daß Christus in einer Höhle geboren wurde, und den Lichtglanz, den er um sich verbreitete, findet man die Quellen in Hofmanns Leben Jesu. 1851, S. 108 ff.

Nr.	Strophe	Zeile	
	15,	1	*gach* schnell, plötzlich. *Mir wird gach* ich habe Eile, strebe mit Eifer.
	16,	1	Ihr Herz begann inwendig zu brennen.
	18.	1	*heuplein* Häuptlein. Über den Abfall des t vgl. Weinhold, §. 143.
	30,	1	*stainenis = steinenig.*
	32,	1	*erbaicken* erweichen. Weinhold §. 181.
VI,	4,	1	Der Dichter nimmt an, daß der Stern den h. drei Königen in der Christnacht erschien. Sie brauchten also vom 25. December bis zum 6. Januar dreizehn Tage. Diese Auffassung findet man fast in allen Liedern und Spielen von den h. drei Königen: Pailler, Krippenspiele 1883. S. 256; auch in der Historia trium Regum von Johann von Hildesheim (zuletzt herausgegeben von Köpke im Brandenburger Gymnasialprogramm 1878.; ferner bei Weinhold, Weihnachtspiele und Lieder 1875. S. 122; bei Bolte. Märkische Forschungen 18, 168 (zu Lasius' Weihnachtsspiel V. 530). Vgl. auch Hofmann, Leben Jesu. 1851, S. 126.
	10.	2	Die Reise des Herodes nach Rom. die durch den Zwist mit seinen Söhnen veranlaßt wurde (Josephus, Antiq. 16, 4; Bellum 1, 23), ist schon im apokryphen Evangelium des Pseudo-Matthäus zwischen den Besuch der Weisen und den Bethlehemitischen Kindermord eingeschoben. Jacobus a Voragine, Legenda aurea c. 10. Vincentius Bellov., Speculum hist. 6, 9, 3 nach Petrus Comestor. Hrotsvita. Maria v. 659. Erlösung hag. von Bartsch 1858 v. 3417. A. Greban. Mystère de la Passion ed. Paris u. Raynaud 1878 v. 7263. Bolte. Märkische Forschungen 18. 168, 221 etc. Leutholphus de Saxonia. Vita Christi, 1478 c. XIII. Vgl. auch Hofmann a. a. O., S. 136. Reinsch, die Pseudoevangelien S. 107.
	17,	1	*schmucken* an sich drücken, schmiegen.
	19,	1	da er dir nichts abschlägt.
VII.	1,	2	*dind = ding.* Weinhold §. 171. Dieselbe Schreibweise kommt auch im Liede Nr. LXVIII, 15, 3 vor. Ferner ist »ding« gereimt mit »sind« in Nr. LIII, 2, 2 und Nr. LIX, 6, 1.
	6,	2	*warcht* wirkte.
VIII,	8,	2	Daß die Götzenbilder bei der Ankunft Jesu in Ägypten zusammenstürzten, ist alte Tradition. Evangelium des Pseudo-Matthaeus cap. 23. Auch Conrad von Fußesbrunn erwähnt diese Legende in seinem Gedicht »die Kindheit Jesu« und gibt die Zahl der gestürzten Götzen auf 340 an. Weinhold, Weinachtsspiele S. 68. Pailler. Krippenspiele S. 393. Reinsch. Die Pseudoevangelien S. 108,110,130.
	10,	1	*jmselb = jmselb.* Über den Ausfall des l vgl. Weinhold, § 159.
	18,	2	Die angegebene Zahl 144 000 für die getödteten Kinder in Bethlehem ist gleichfalls der Legende entlehnt. Nach griechischer und äthiopischer Tradition sollen 14000 Opfer gefallen sein. Vgl. Saudini, Hist. fam. sacr. Wirzeb. 1768. p. 60 bei Hofmann. a. a. O., S. 137. In dem niederländischen Gedichte »Van den levene ons heren« ed. Vermeulen 1843 heißt der Vers 752: »Hondert dusent verloren daer haer leven ende XL, dit is ghescreven.« In der Erlösung ed. Bartsch 1856 lautet Vers 3647: »Vier tûsent unde hundert und dan noch vierzig ist der kint«. 144000 sind angegeben im Kremnitzer Weihnachtsspiele Weimarisches Jahrbuch 3, 416. 40 000 sind genannt bei Pailler, Krippenspiele 1883. S. 278, bei Hartmann. Oberbayrisches Archiv 34, 186 und bei Wolfgang Hermann in seiner Verdeutschung von H. Zieglers Infanticidium, Salzburg 1557. Vgl. auch noch Hartmann. Volksschauspiele 1880, 513 und Weinh., Weihnachtsspiele 1875, 169, 272.
IX,	10,	2	*virt = wirt.*
	19,	1	*ee und =* bevor (und pleonastisch). *vor ee* vorher.
	20,	1	*nächnen* sich nähern.
	24,	2	*gedacht* deuchte.
	26,	2	*geperin = gepererin.*

Nr.	Strophe	Zeile	
X,	3,	4	*yeder an* vielleicht zu lesen *yederman*. *verhellen* erklären, nennen.
	5,	2	Die wurde ihnen schnell abgeschlagen.
	8,	1	Erinnert an die dritte Strophe des Liedes »Der Tag der ist so freudenreich« (Wackernagel. Kirchenlied II. 689 ff.). Ueber das gebrauchte Bild vergleiche W. Grimm, Vorrede zur Goldenen Schmiede Konrads von Würzburg 1840, S. XXXI, ferner Salzer, Sinnbilder und Beiworte Mariens in der deutschen Litteratur 1890.
	15,	2	*gegenburff* Gegenstand, Objekt. Wir sagen jetzt »Vorwurf« im künstlerischen Sinne.
	20,	3	*pegunden* begannen.
	30,	2	*cinster* Finsterniß.
XI,	4,	2	*michel* groß; *wad* Kleidung. Rüstung.
	13,	4	*erkünnen* verkünden.
	58,	4	*warr* wahrer. Weinhold §. 163.
	60,	2	*allenthaben*. Ausfall des l. Vgl. Weinhold § 159.
	63,	4	*con* vielleicht *cor* iren mütern; oder *von* ihren Müttern weggenommen und dann vergewaltigt.
XII.			Das Opfer Abrahams gehört mit zu den alttestamentlichen Leidensvorbildern, welche in den mittelalterlichen Passionsspielen Verwendung fanden. Vgl. Keppler, im Hist. Jahrbuch IV, 2. München 1883, S. 178.
	3,	2	*jm dem*. Vgl. dazu Nr. XLIX. 2. 2.
	23,	2	*schweyund*. Ausfall des g? Weinhold §. 177.
XIII.			Den Grundstock der Passionsdichtung bilden die Berichte der Evangelisten. Außerdem finden sich viele nicht biblische Schilderungen, welche den Passionspredigten des Mittelalters entnommen sind. Die mittelalterlichen Prediger liebten es, nach dem Vorgange des h. Ambrosius, Augustinus, Anselmus, Bernardus und Bonaventura die Passion des Heilandes mystisch zu erweitern und auszumalen. Gabriel Biel, der Verfasser des Werkes Passionis dominicae sermo historialis, notabilis atque praeclarus. Reutlingae 1489 (Moguntiae 1509, rechtfertigt dieses Verfahren, indem er sagt: »Die Evangelisten geben nur die einfachen Thatsachen, einmal, weil sie die Tendenz haben, nicht das Gefühl des Mitleids, sondern vielmehr den Glauben an das, was sie berichten, zu wecken, sodann, weil es für die Frömmigkeit der Gläubigen überaus nützlich ist, das, was die Evangelisten mit Schweigen übergehen, durch Geistesarbeit unter Thränen und Gebet selbst zu suchen und zu finden. Denn auch, was sie verschweigen, deuten sie wenigstens kurz an, und die Seele, die sich recht in ihr Wort vertieft, kann auch das finden, was sie nicht berichten« (P. II. art. II im Hist. Jahrbuch III, 2. Münster 1882, S. 307). Bonaventura, Op. ed. Peltier 1868, 12, 595: Quo modo dominus mortem suam praedixit matri [Die in Lied XV behandelte Scene]: 'Hic potest interponi meditatio valde pulchra, de qua tamen scriptura non loquitur.'
	5,	1	*petrys* Bettlägerigkeit. Gichtbrüchigkeit.
	7,	2	*mail* Flecken. Mal.
	9,	1	*kücken* neu beleben, erwecken.
	9,	2	*ausmerckig* aussätzig.
	12,	2	*verschmacht* erschien ihnen verächtlich.
	13,	1	*sambten* versammelten.
	14,	1	*pischolf* Bischof. Über den Einschub des l vergl. Weinhold § 159. *gleichsner* Heuchler.
	23,	1	*übermachten* überwältigen.
	29,	2	*haup* Haupt. Über den Abfall des t vergl. Weinhold §. 143.
	33,	1	*von der armen* soll wohl heißen von wegen der Armen, oder *von den*.
	37,	1	*gie* = *gieng*. Nach dem 15. Jahrhundert verschwindet diese Form. Weinhold. Mittelhochdeutsche Grammatik §. 357.
	39,	1	*laydsam* Leid verursachend.

Nr.	Strophe	Zeile	
XIV,	7,	1	*schaffen* bestimmen, befehlen.
	15,	2	*sträuten* streuten. Weinhold, Bairische Grammatik §. 44.
	27,	2	*erkücken* erwecken, hier: wieder aufbauen.
	28,	1	Die Rede gefiel den Juden gar nicht.
	31,	2	*varen* = *voren* vorher.
	41,	1	*verstainen* steinigen.
	51,	1	*erichtag* Dienstag.
	51,	2	*qie.* Vgl. XIII. 37, 1.
XV,			Diese Abschiedsscene zwischen Jesus und Maria kommt auch in den Passionspredigten vor, z. B. in Gerson's Passion (Strassburg 1509), in der aus dem Lateinischen ins Deutsche übersetzten Passion (Köln 1517) und in der Passion von Nikolaus von Dinkelsbühl (Hist. Jahrb. IV, 3 München 1883, S. 175). Auch in den Passionsspielen kehrt sie wieder, z. B. im Egerer Fronleichnamspiel V. 3653, in der Prager Marienklage bei Schönbach, Marienklagen 1874, S. 63. Vgl. auch Hartmann, Oberammergauer Passionsspiel 1880, S. 8. Volksschauspiele 1880. S. 422. Philipps Marienleben ed. Rückert 1853, S. 105. Bonaventura, Opera ed. Peltier 1868, 12, 595. A. d'Ancona, Origini del teatro italiano 1877, 1, 117, 153. Vgl. die Notiz zu Nr. XIII.
XVI.	1,	2	*piten* warten.
	10,	2	Wenn er euch über's Meer entflieht; oder »entflieht er euch, darüber mehr!«
	11,	1	*Des* dieses.
	13,	1	Auch diese Unterhaltung zwischen Maria und Judas kommt in der Passionspredigt von Gerson und in der zu Köln 1517 gedruckten deutschen Passion vor. Hier wird sie auf St. Bernard zurückgeführt. Hist. Jahrbuch III. 2. Münster 1892, S. 289. Vgl. auch Egerer Fronleichnamspiel V. 3861. Hartmann, Oberammergauer Passionsspiel, S. 11 und 233.
	14,	1	*willigkum* willkommen.
	20,	1	*mit* Mitte, Mittelding.
	30,	2	*nyenantz* = *nyemantz*. Vgl. Weinhold § 169.
	33,	2	*walgen* sich wälzen, rollen.
	36,	1	*antlastag* Ablaßtag, besonders der grüne Donnerstag, weil an diesem Tage von alters her den öffentlichen Büßern Ablaß ertheilet wurde.
XVII,	5,	1	*läglein* Fäßchen. 6, 1 *mushaus* Speisehaus, Speisesaal.
	12,	2	und 13, 2 *ee* hier: Testament.
	24,	2	*haub* = Haupt. Abfall des t. Vgl. XIII. 29, 2
XVIII,	24,	2	*salse* gesalzene Brühe.
	26,	2	*ausgesickt* = ausgeschickt. s für sch. Vgl. Weinhold §. 154.
	30,	1	*pslus* Beschluss.
	36,	2	*czerstrüet* zerstreut. Vgl. XIV, 15, 2.
	41,	1	*heind* heute mit Beziehung auf den Abend und die Nacht. Vgl. Schmeller a. a. O. I, 1135.
XIX,	12,	1	*frewt* = *frewnt*. Über den Ausfall des n vgl. Weinhold §. 166.
	26,	2	*last* = *lass*. Vgl. Weinhold §. 142.
XX,	15,	1	*gefert* Aufzug, Handlungsweise, Benehmen.
	22,	1	*nyndert* nirgends, durchaus nicht.
	31,	1	*schuff* schob.
	34,	1	*ainen* = *ainem*. Vgl. Weinhold §. 169.
	36,	2	*der finster* süne Söhne der Finsterniss.
	42,	1	*frewtlich* = *frewntlich*. Vgl. XIX. 12. 1.
XXI.	4,	2	Denn ich habe eueren Willen gethan.
	7,	1	*gefert.* Vgl. XX, 15. 1.
	8,	1	Ein Holzschnitt in der um 1470 zu Ulm gedruckten Gaistlichen Vslegong des lebes Jhesu Christi (vgl. Muther, Die deutsche Bücherillustration der Gothik 1884 S. 23, Nr. 102) Bl. n 5a zeigt, wie ein Krieger dem Herrn, während ihn Judas küßt, eine Schlinge um den Hals wirft. Überhaupt finden wir viele der in den vor-

liegenden Liedern geschilderten Züge genau übereinstimmend in den Passionscyklen der Zeichner des XV. Jahrh. wieder, so das XXVIII, 8, 1 erwähnte Eindrücken der Dornenkrone vermittelst zweier quer gelegter Stäbe (Gaistlich vzlegong Bl. o 7a; das um 1470 gedruckte Leiden Christi, das Stoeger 1833 u. d. T. »Zwei der ältesten deutschen Druckdenkmale« reproducirt hat; Hans Wächtlins Darstellung in dem 1508 zu Straßburg erschienenen Leben Jesu Christi = Muther, Tafel 234; Dürers Passion u. s. w. Vgl. C. Meyer, Geistliches Schauspiel und kirchliche Kunst in Geigers Vierteljahrsschrift für Kultur u. Literatur der Renaissance I. 366. 1886.

	10, 2	*orsüdl* Ohrsitz d. i. das äußere Ohr.
		gerecht (dexter) recht.
	16, 1	*frayssam* schrecklich, wild.
	17, 2	*vieng* nahm gefangen.
	23, 2	*schrieren* schrieen. Vgl. Weinhold §. 268; Schmeller, Bayr. Wtb. II, 593.
	30, 1	*spürczen* spucken.
	30, 2	*sündrew* besondere.
	32, 2	*voller kotz* voll von Koth.
XXII,	11, 1	*müen* unbequem sein, ärgern.
	20, 2	*czucken* schnell und mit Gewalt ziehen.
XXIII,	15, 1	*ee* Gesetz. 15, 2 *widerspänig* widerspenstig.
	41, 2	*pas* besser.
	44, 1	*czwier* zweimal.
	46, 1	*gie*. Vgl. XIII, 37, 1. *sich heben* sich erheben, aufmachen.
XXIV,	4, 1	*frewt = frewnt*. Vgl. XIX, 12, 1. Zur Sache vgl. Bonaventura a. a. O. 12, 603.
	11, 2	*wäpner* Waffenträger.
	14, 1	*erpiten* mit dem Genitiv der Sache: warten, erwarten.
	23, 1	*verhengen* gestatten.
	53, 2	*verspürzen* anspeien.
XXV,	7, 1	Die Rede gefiel den Juden schlecht.
	7, 2	*drat* schnell, alsbald.
	15, 2	*strenginkleich* strenge.
	26, 1	*erczaigt = erczaigst*.
XXVI,	6, 1	*freyat sich* sonst *freyet sich* freut sich.
	24, 1	*ander = andern*. Abfall des n. Weinhold §. 167.
XXVII,	6, 2	*süle* Säule. Vgl. Weinhold §. 44.
	11, 1	*czucht* Züchtigung.
	12, 2	*solle* Schuhsohle.
	13, 2	*plaien* blau machen.
	17, 2	*erzichen* übel zurichten. Schmeller a. a. O. II, 1107.
XXVIII,	7, 2	*kröten = krönten*. Ausfall des n. Vgl. Weinhold § 166.
	8, 1	Vgl. die Bemerkung zu XXI, 8, 1.
	13, 2	*hart* kaum. 14, 2 *spüczen* speien.
	16, 2	*yndert* irgendwo, irgend.
XXIX,	1, 2	*haup = haupt*. Über den Ausfall des t vgl. Weinhold § 143.
	2, 2	*verbuntten* verwundet.
	12, 1	*ee* Gesetz.
	12, 2	*pusz* Besserung, Abhilfe; *p. machen* mit dem Genitiv der Sache.
	33, 1	Die Zurückführung des Traumes der Frau des Pilatus auf die bösen Geister findet sich bereits im Heliand. In der Übersetzung von Dr. C. W. M. Grein 1869 V. 5433 ff. heißt es: »Als nun die Seele des Judas in die Hölle kam, da erkannte Satanas, daß Christus durch seinen Kreuzestod all diese Welt zum Himmelreich erlösen wollte. Das war ihm ärgerlich, und er wollte diesen Tod hintertreiben, damit die Menschen nicht von der Hölle und von Sünden frei würden. Er begab sich am hellen Tage, mit dem unsichtbar machenden Helm

Nr. Strophe Zeile

bekleidet, in die Burg des Pilatus und zeigte der Frau desselben offen ein Wundergesicht, damit sie helfen sollte, daß der bereits zum Tode verurtheilte Christ sein Leben behielte: denn er wußte, daß derselbe ihm die Gewalt nehmen würde, daß er sie nicht mehr so mächtig über diese Welt hätte.« Wie Grein nachweist, liegt hier der Commentar des Beda zu Matth. XXVII 19, zu Grunde. Beda hat den Gedanken wohl von Gregor dem Großen Expositio moralis in Job, lib. XXIII. 21) entlehnt. (Grein. Die Quellen des Heliand. 1869, S. 109'. In den Predigten und Passionsspielen des Mittelalters findet sich ganz dieselbe Darstellung (Histor. Jahrbuch IV. 2. 1883, S. 177'. Milchsack, zum Heidelberger Passionsspiel 1880, S. 227 und zum Egerer Fronleichnamsspiel 1881, S. 206.

XXX, 7, 2 *verspürezen* anspeien.
XXXI, 10, 1 *geleichen* gleich machen.
XXXII, 7. Die Schilderung der Kreuzigung ist dieselbe, welche in den Passionspredigten und geistlichen Schauspielen des Mittelalters uns dargeboten wird. Die Quelle ist Bonaventura, a. a. O. 12, 606. (Histor. Jahrbuch IV. 2. 1883, S. 180). Auch in der bildenden Kunst ist die hier beschriebene Scene genau entsprechend dargestellt; vgl. die Gaistlich vszlegong Bl. p 6a.
12, 2 *pülbüps* stumpf. Schmeller a. a. O. II. 840.
18, 2 *wage* Wage. Die Schächer wurden aufgehoben, während der Herr noch wagerecht dalag (Allioli. Alterthumskunde 2, 271). »Auf der wage liegen« heißt auch »noch unentschieden, ungewiß sein, nach welcher Seite der Ausschlag erfolgen werde«. (Schmeller II. 868). Demnach könnte hier der Sinn sein »während der Herr noch sein Schicksal erwartete«.

XXXIII. 1, 2 Das *es* ist pleonastisch. Vgl. Grimm D. W. B. 3, 1135.
4, 1 Die Grube wird in der Gaistl. vszlegong als ein »staine loch« beschrieben. Auf dem beigegebenen Bilde (Bl. p 7 b) heben zwei Knechte mit großen Gabeln die Querarme des Kreuzes in die Höhe, während zwei andere den mit einem Strick umschlungenen Fuß desselben in das Felsloch hinablassen. Vgl. auch Meyer in der genannten Vierteljahrsschrift 1, 369.
9, 2 *gewang* = gewann. Weinhold § 170.
13, 1 *vach* (von *vahen*) fang an!
18, 1 *aufheben, einem etwas* ihm Vorwürfe machen. Schmeller I. 1036.
19, 2 *haibürttig* = haimwertig. »Bring' uns nach Hause!«
30, 1 *schnöde* unwerth, verächtlich.

XXXIV, 8, 1 *wert* währt, hat Gültigkeit.
15, 2 *gelainen* anlehnen.
23, 1 Daß Maria bei dem Leiden des Herrn sich nicht das geringste Unwürdige oder Übertriebene habe zu Schulden kommen lassen, ist eine Bemerkung, die wir schon bei Anselm nach dem Vorgange des Ambrosius finden (De instit. virg. c. 7) und die bei den mittelalterlichen Predigern zur stehenden Formel wurde. Hist. Jahrbuch III, 2. 1882, S. 310).

XXXV, 21, 1 *erlauben* Zutritt gestatten.
31, 1 *es* pleonastisch. Vgl. XXXIII, 1. 2.
32, 1 *Als lang Adam im paradeys*. Die heilige Schrift sagt uns, daß Christus drei Stunden am Kreuze gehangen habe, aber nicht, daß Adam drei Stunden lang im Paradies gewesen sei. In der Legenda aurea Jacobi a Voragine cap. 53 lesen wir: »Quia Adam fuit et peccavit in mense Martio feria sexta et hora sexta, et ideo Christus pati voluit in Martio, quia in die, qua fuit annuntiatus, fuit et passus. Item in feria sexta et hora sexta.« Ludolphus de Saxonia berichtet im LIV. Capitel seiner »Vita Christi«: »Qua hora primus Adam

peccando mortem huic mundo induxit, eadem hora secundus Adam mortem moriendo destruxit, et qua hora illi paradisus est occlusus, eadem hora iste paradisum aperuit.«

	33,	2	*erpudmen* erbeben.
	34,	2	*hieg* = hieng. Ausfall des n. Vgl. Weinhold §. 166.
	36,	1	*erstuen*. In dem Original, von welchem unsere Handschrift eine Copie ist, stand wahrscheinlich *erstayn* als Reim auf *erschayn*.
	37,	2	*dar wol* = das.
	38,	1	*schmucken* zusammenziehen, ducken.
XXXVI,	2,	2	*verwunten* verwundet.
	10,	2	*periet sich* bedachte sich (von beraten).
XXXVII,	6,	1	Sie verzichteten auf ihr eigenes Regiment.
	9,	2	der ordnete für den Herrn die Sache.
	10,	2	*genadelt* = genagelt. Vgl. Weinhold §. 140.
	16,	1	*Mit wurder* soll wohl heißen »mit wunder,« d. i. mit Verwunderung.
	26 ff.		Zu dieser Schilderung vergleiche man das Capitel »Von der Ablösung vom Kreuze« in Susos gesammelten Schriften. S. 380.
XXXVIII,	3,	2	*gewickelt* gewickelt. Über den Einschub des l vgl. Weinh. §. 159.
	8,	2	*anig* = ainig. Vgl. Weinhold §. 7.
	11,	1	*wauch* = waich weicht. Weinhold §. 44.
XXXIX.			Der Inhalt dieses Liedes ist dem apokryphen Evangelium Nicodemi cap. 21 und 22 entnommen. Vgl. Hofmann, Leben Jesu. S. 440. Über die dramatischen Darstellungen dieser Scene vgl. Milchsack zum Egerer Fronleichnamsspiel 1881 S. 281 ff. Wülker, Das Evangelium Nicodemi in der abendländischen Literatur 1872 S. 34, 68.
	1,	2	*an ain ort* bis zum Ende, vollständig. Vgl. Lexer T. W., 4. Aufl. S. 182.
	8,	1	*prehen* glänzen.
	10,	1	*thürr* (fores) Thüre.
	16,	2	*seinen* sind.
	29,	2	Mit weinenden Stimmen.
XL,			Zu XL und XLI vgl. Peter von Arbergs Tagweise in den Meisterliedern der Kolmarer Hs. hsg. von Bartsch 1862, S. 578.
	9,	1	*mit nichte feyr* feire nicht!
	10,	1	*last* = lass. Weinhold §. 142.
	10,	3	*zwuersich* Zuversicht. Über den Abfall des t vgl. Weinh. §. 143
	11,	2	*versehen* bewahren.
	12,	4	*übersehen* Nachsicht schenken.
	14,	4	*sich verwegen* (eines Dinges) verzichten auf etwas.
	23,	3	*heiling* Heiligen. Vgl. Weinhold §. 168.
	25,	3	*danpar* = danckpar. Abfall des k. Weinhold §. 174.
XLI,	4,	2	In der Handschrift steht das Wort »wee« viermal.
	12,	1	muß entweder lauten: »Das klag *vns* an mein ende,« oder der folgende Vers muß abgeändert werden: »*vnd du mein sel mit mir.*«
	16,	2	*an* ohne. *verdarben* verdorben.
XLII,	1,	1	*sich schmucken*, sich schmiegen, ducken.
	3,	2	*czucken* schnell und mit Gewalt ziehen, fortreissen.
	5,	2	*kumbt* = kumbst.
	5,	4	*widerun* = widerum. Vgl. Weinhold § 169.
	6,	1	*sich verwegen* vgl. XL, 14, 4.
	12,	1	*Waffen* ist das gewöhnliche Ausrufungswort bei Suso eigentlich = zu den Waffen! ach! wehe! Ges. Schriften. S. 140.
	12,	4	*engehing* = *engewinn* Schaden, Unglück, Verlust. Vgl. Weinhold §. 170.
	13,	1	*pehalte* = pehalter. Über den Abfall des r vgl. Weinh. §. 162.
	14,	2	in den raien *walden* sich üben.
	15,	3	*rnd das* damit. Vgl. N. XLIV Überschrift.

Nr.	Strophe	Zeile	
XLIII,	5,	3	*ermayen* belustigen, ergötzen.
	12,	1	*meinen* = meinem. Vgl. XX, 34, 1.
XLIV,	2,	1	*kurbeylig* kurzweylig. Über den Ausfall des z vgl. Weinhold §. 151.
	9,	1	*pas*, besser.
	10,	3	*ains als we* noch einmal so weh.
	12,	1	*kumbst* lies: *kumbts*.
		3	*zenueg = ze genueg. eil. z. g.* mehr als genug.
	13,	3	*eysnein* von Eisen. *hunt* eine Art in den Strom getriebener Wehre. Schmeller, B. W. I, 1127 , ein Werkzeug der Böttcher, die Reifen um die Fässer zu legen Grimm D. W. B. 4, 2, 1918.
XLV,	4,	1	*ezainen* zäunen.
	8,	1	*kechk* keck. Vgl. Weinhold §. 182.
XLVI,	5,	3	*mus* = muß es.
XLVII,	2,	1	wahrscheinlich hat die ursprüngliche Schreibweise »kurzwil« gelautet als Reim auf »tiefl«.
	11,	1	*pin münder* sei munter!
	11,	3	Eine jede Sünde hat ihre besondere Pein.
XLVIII,	3,	5	Anstatt »o« ist wohl »so« zu lesen.
	4,	4	Ich muß mich einmal dazu entschließen.
	4,	8	*ener* jener.
XLIX,	2,	2	*am mir*. Vgl. XII, 3, 2.
	8,	4	*strale* Pfeil.
	9,	2	*meinen = meinem*. Weinhold § 169.
L.,	4,	3	*dick* dicht, häufig.
	5,	4	*erarmen = erarnen* erretten. Weinhold §. 139.
	9,	4	*erstoren* erschüttern. Schmeller, II, 750.
	14,	2	*cerren* entfernen.
	16,	3	*cerjehen* eingestehen.
	22,	3	*verreren* vergießen.
	26,	1	*sich nyeten*, sich sättigen, ergötzen. Schmeller I, 1770.
	33,	1	Steh' für mich als Bürge.
	34,	1	*seind* seit.
	38,	5	lies: *ich pin* des Reimes wegen auf »künigin«.
	43,	2	*walsam = balsam. plue* Blüte.
	13,	3	*himelisches tawbe*, lies: *himelische*. Über diese Bezeichnung vergleiche: Grimm, Vorrede zur Goldenen Schmiede des Konrad von Würzburg. S. XXXVII und XLVI.
	43,	5	*fruchpär* fruchtbar. Über den Abfall des t vgl. Weinhold §. 143.
	44,	1	*lilium convallium* Lilie des Thales wird Maria nach dem Hohenliede c. II. v. 1 genannt. Auch bei Suso, Ges. Schriften S. 352.
	45,	2 und 3.	Über diese Bezeichnungen vergleiche Grimm a. a. O. (43, 3) S. XLII und XLV.
	49,	4	In meinem tollen Leben.
LI.	7,	2	*gethuen* ursprünglich wohl *gethan* als Reim auf *lan* (lassen).
	9,	1	*ringer* geringer, leichter.
	11,	1	*leczt = lecz* ähnlich wie *lasst = lass*. Weinhold §. 142. *sich leczen* sich vor dem Abschiede noch einmal schmausend vergnügen (Grimm D. W. B. 6, 805). Der Sinn ist: Nimm noch eine Weile *hier* von mir Abschied! d. i. Bleibe noch eine Weile hier!
LII,	2,	3	Er war mir fremd geworden.
	5,	1	*an senden* ohne Sehnen. Einschub von d. Weinhold §. 148.
	6,	1	*wencken* wanken, weichen.
	7,	3	Du dauerst mich nothgedrungen. *Not* ist Dativ. Vgl. Grimm D. W. B. 7, 914.
	9,	3	wies mich drohend auf Leiden.
	19,	3	*fellen* zu Fall bringen.

Nr.	Strophe	Zeile	
LIII,	5,	2	*es.* Vgl. XXXIII, 1. 2.
	6,	1	*süech* sucht. Über den Abfall des t vgl. Weinhold §. 143.
	7,	1	vielleicht zu lesen: dreysick vnd drew (drei) iar.
	14,	1	Der Rosenbaum des h. Kreuzes kommt bei Suso öfter vor, u. a. Ges. Schriften, S. 185 ff. Abgebildet in der Gaistlichen vszlegong Bl. t 3a (Muther a. a. O. Tafel 61).
	15,	1	*geschmach* Geruch. Duft.
LIV,	4,	2	*getvalt* gewaltig. mächtig.
	6,	3	*der synn* vgl. LXI, 14, 3.
LVI,	9,	1	*schneyb.* Anschub von b. Weinhold § 126. »ob es schneie, oder wehe.«
	10,	1	Mit Nichtachtung werden sie zum Weichen gebracht (enwicht).
	11,	1	nur schont seiner nicht.
	11,	2	*frühat = freihart* Lotterbube, Vagabund. Schmeller I, 815.
	11,	3	*gewand* gewohnt.
	12,	3	*czwier* zweifach.
LVII.			Der Inhalt des Liedes erinnert an das Büchlein von den neun Felsen bei Suso, Ges. Schriften S. 505.
	1,	1	*sprancze* Geck. Stutzer.
	1,	2	*gewrungen = gewrunnen.* Weinhold § 170.
	2,	5	*verdarmen* Die Verdorbenen, zu Grunde Gegangenen. Weinh. §. 139.
	3,	1	*scherczer = scherczen.* Weinhold §. 164.
	3,	4	*lappe* einfältiger Mensch, Narr darauf weist auch die folgende Kappe.
	3,	5	*laicher* Spielmann, Betrüger.
			schmaicker Schmeichler. Betrüger.
	5,	5	*knürren (knerren)* schreyen. Schmeller I, 1353.
LVIII,	4,	1	*ungeornen* ungeordneten. Weinhold §. 146.
	6,	2	*pekan.* Über den Abfall des t vgl. Weinhold §. 143.
	10,	1	*war wo.* Vielleicht ist *was* zu lesen.
	14,	1	*pes* böse. Weinhold §. 13.
LIX,	16,	3	*pegnadest* ist hier wohl Imperfectum = *pegnadetest*; oder es ist *pegnadet* zu lesen.
LIXa	10,	3	*laichen* sein Spiel mit einem treiben, ihn foppen, betrügen.
	12,	1	*kran = kranck.* Über den Abfall des k vergl. Weinhold §. 174.
	16,	4	*mail* Makel.
LX.	7,	2	*peuar* bevor, voraus. 8, 4 *muter her* hehre Mutter.
LXI,	1.	1	*pas* besser.
	10,	4	*frühat* siehe LVI. 11. 2.
	12,	1	*gewrungen* siehe LVII. 1. 2.
	14,	3	*der synn* siehe LIV. 6. 3.
	14,	4	*grosser = grossen.* Vgl. Weinhold §. 164.
	18,	3	*mit nichten* nicht verstärkte Negation (Grimm, D. W. B. 7, 694).
	19,	4	*ring* gering. leicht.
	20,	3	*schmucken* siehe XLII. 1. 1.
	20,	4	*verdrucken* gewaltsam niederdrücken. überwältigen.
			pucken biegen. bücken. *czucken* siehe XLII, 3, 2.
LXII.	1.	6	*sich verwegen* siehe XI., 14, 1.
	2,	4	*armer = armen.* Vgl. LXI. 14, 4.
	7,	4	daß du nicht gebest.
LXIII,	1.	1	*hyet* Conj. Praet. von haben Weinhold §. 321. Vgl. IV. 7, 1.
	5,	2	*ein stum* ist ein stummer.
			der synn siehe LXI, 14, 3.
	9,	1	*reysen* fallen, niederfallen.
	10,	2	eigentlich *schauen.*
	12,	1	*iren* irre machen. auf Abwege bringen.
LXIV,	5,	1	*erpeut = erpiet* Weinhold §. 81. *erbieten* darbieten. *wert* werth. würdig, herrlich.
	6,	1	*gena = genad.* Über den Abfall des d vgl. Weinhold §. 149.
	10,	2	*mame* Muhme.

Nr.	Strophe	Zeile	
LXV.	2,	2	vielleicht ist »*der* vogelein« zu lesen.
	9,	3	*es* ist pleonastisch gebraucht. Vgl. Nr. XXXIII. 1. 2.
LXVb,	1,	1	*leichte* = *leichten*. Weinhold §. 167.
	10,	4	*des* (nämlich des Sehens) *der plinte sich erwert* woran er verhindert ist.
	12,	2	*tawb* = *taw*. Über den Anschub von b vgl. Weinhold. §. 126.
	13,	2	*pesigen* versiegt.
	13,	3	*gewingen* = *gewinnen*. Weinhold §. 170.
	15,	3	wenn es uns hart ergeht, und manches gebricht. *enbresten* fehlen, gebrechen.
LXVI.	1,	4	*warr* wahrer Weinhold §. 163.
LXVII,	1,	4	*niembt* niemand Weinhold. §. 353.
	3,	5	*parmherczerigklichen* sonst *parmherczigklichen*.
	3,	6	und richte mich auf!
	6,	1	*weibplich*. Vergl. Weinhold §. 123.
LXVIII,	1,	2	Strophe 1—4 sprechen vier verschiedene Engel, wie im Drama vom jüngsten Gericht (Mone. Schauspiele des Mittelalters. 1846. I. S. 279).
	2,	4	*czyfaltig* = *czwyfaltig*. Über den Ausfall des w vergl. Weinhold §. 135.
	3,	4	*sech* = *secht*. } Weinhold §. 143.
	4,	4	*enpfach* = *enpfacht* }
	15,	1	*gie* siehe XIII, 37. 1.
	15,	3	*dind* = *ding*. Vergl. Nr. VII, 1, 2.
LXX,	1,	1	*erfreyd*. Vergl. Weinhold §. 149.
	3,	3	die dritte Zeile wird jedesmal wiederholt.
LXXI,	6,	3	und nimmermehr wird ihresgleichen sein.
LXXIV,			Dieses Lied ist mit ähnlichen weltlichen Allegorien eines Liebesgartens zu vergleichen, so mit dem Spruchgedicht von einem »Wurtzgarten« im Liederbuche der Nonne Clara Hätzlerin (ed. Haltaus 1840. S. 243) und mit dem »Plůmleingertlein« im Münchener Cod. germ. 71 Bl. 1a (15. Jahrh.). Vgl. Uhland Schriften zur Geschichte der Dichtung und Sage 3, 439.
	7,	4	*ewen* = *eben* gleich, gleichmäßig.
	12,	1	*vor* vorher.
	13,	3	*spranczen* einherstolziren.
	14,	2	*plangen* verlangen.
	25,	4	*wild* = *wilt du*.
	26,	2	*gotbilligkum* Gott willkommen! Bewillkommungsgruß. Schmeller, I. 961. 28. 2 *reucht* reicht. Weinhold §. 57,
	31,	2	*erpern* vielleicht *enpern* entbehren.
	36,	4	*afterkosen* verleumden. 40. 4 *gegenhürttigkait* Gegenwart.
LXXV,	3,	9	*verdarmen* vgl. LVII, 2, 5.
	5,	2	*drat* schnell.
	7,	10	*waichen* lenken.
	7,	13	*knyllein*. Über den Einschub von d vergl. Weinhold §. 148.
LXXVI,	1,	1	*halter* Hirt, Hüter. *halten* hüten.
	28,	2	*himereich*. Über den Ausfall des l vergl. Weinhold §. 159.
LXXVII,	4,	2	*heiling* siehe XI. 23, 3.
	6,	2	*herdan* von einem Orte her, weg.
	11,	2	*persundebar*. Über den Abfall des r siehe Weinhold §. 162.
LXXVIII,	3,	1	*erfreyd* siehe LXX, 1. 1.
LXXIX,	2,	2	*erheren* = *erweren* refl. sich erwehren.
	5,	2	*vor* vorher.
	9,	1	*heiling* siehe XI, 23, 3.

Alphabetisches Verzeichnis der Lieder und Melodien.

Ein beigesetztes * bezeichnet einen bloß angeführten Liederanfang.

	Seite		Seite
Ain kind geporen zu Pethlehem	76	Es ist geporn ain kindelein	77
Als Judas nun den kuss volpracht	24	Es ist nun alls vergangen	84
Als nun der herr gegayselt ward	30	Es liegt ein Schloß in Oesterreich *	45
Als nun der herr gekrönet ward	30	Fleuch, fleuch wider haim	67
Als nun der herr geurtailt ward	32		
Als nun der herr gewaschen het	21	Halt mir noch lenger, frewnt der mein	63
Als nun der herr hieng an dem krewz	34	Heinz, wiltu Christa han *	61
Als nun der herr ward dargepracht	32	Herodes nicht des kintz vergas	8
Als nun des herren heilig sel	35	Herr, deiner hilf pegeren wir	18
Am jüngsten tag	73	Herr, dir zu lob und auch zu er	25
Betrachten wir das leiden mer	29	Hyet ich die gnad	68
Bis vnuerdrossen, halter mein	83	Ich klag mich armen sünder	48
		Ich rüff zu dir, o junckfraw	65, 73
Da er sein pet nun het volpracht	23	Ich schrey und rüeff auf erden	49, 63
Da got nun mensch geparen ward	13	Ich siech den margensterne	70
Das leyden Christi sey uns pey	25	Ich siech den tag her leichten	71
Der alle ding peschaffen hat	17	Ic sie die morgensterre *	71
Der Meye, der Meye bringt uns der Blümlein vil *	57	Ir pitt, das ich euch singen sol	58
Der sünder, der sünder erfunden in todsünden	45	Ir tanzer und spranzer	59
Des ersten tags der hohen zeyt	21	Jherusalem, erfreyd dich nun	75
Dies est leticie *	X	Joseph, ain man, wie vorgenant	36
Dy nacht, als Christus ward geparn	5	Joseph, lieber Joseph mein	78
Dy juden zu Jerusalem	20	Magnum nomen Domini *	X
Dye künigk wurden underweyst	6	Mein Mann der ist in Krieg gezogen*	61
Ein feste Burg ist unser Gott *	11	Nun halt mir schan, du frewnt der mein	82
Ein gartt, ein edler garten	54, 79		
Ein kind geporn zu Pethlehem	76	Nun hört zu disem rayen	56
Erfrey dich, himelkünigin	84	Nun ich pin frisch	55
Erfreue dich, Jerusalem	76	Nun laube, Lindlein, laube *	54
Erstanden ist der heilig Crist	83	Nun loben wir, der uns peschueff	9
Es flog ein klein Waldvögelein *	58	Nun loben wir dy himelküniginne	69

	Seite		Seite
Nun rüffen wir den herren an	22	Stand auf, du armer sünder	40
Nun rüffen wir Mariam an	3	Sye volgten mer dem stern nach	7
Nun schmuck dich, sünder	41		
Nun sullen wir nicht lassen ab	6	Unser hailer ist hie	82
Nun sullen wir petrachten gar	37		
Nun süllen wir petrachten mer	5,7,19,26	Verleich uns, Jhesu, dein genad	29
Nun süllen wir vergessen nicht	33	Wach auf, du sünder, schwacher man	38
Nun wend ir hören singen *	67	Wär ich ein Falk, so wolt ich *	69
O heylige driualtigkait	16	Was singt ir kindlein auf dem plan	57
O Jhesu, heiligs kindelein	82	Was thustu, sünder, hie	44
O Maria, wir dich hie anrüffen	72	Wenn ich des Morgens früh aufsteh*	63
O nymmermer, die weyl ich leb auf erd	64	Wo ausz musz ich hinkeren	63
O sünder, grosser sünder	53	Wohin, wohin? ker widerumb	43
O sünder, wie, wes wartz du hie	47	Wo ich hinker auf diser erd	62
O welt, welt, pesser hie zu got dein leben	59	Wol auf, loben wir das kindelein	81
		Wol auf, mein sel, gehab dich wol	42
Petrachten wir das leyden mer	29	Wol auf, wer pas well wandern	65
Pylatus, der lies schreyben auch	36	Wol auf, wir wellens wecken	45
Pylatus nun zu gerichte sas	31	Wol auf, auf, wer sich schaiden well	52
Pys vnuerdrossen, halter mein	83	Wolts auf, wir wollen ins lesen *	45
Resonet in laudibus *	78	Zu lob dem herrn petrachten wir	27

Verbesserung von Druckfehlern.

Seite 10, Nummer IX, Strophe 9, Zeile 4 menschait nicht menschhait.
» 18, ». XIV, » 9. » 1 ein nicht ain.
26, » XXIV. 12. » 2 ob nicht o.
» 29, » XXVI, » 22. » 1 hiet nicht hie.
» 29, » XXVII. nicht II. XXV.
» 34, » XXXIV, Strophe 20. Zeile 2 dy junckfraw nam nicht junckfrawn.
» 65, » IX. » 6, » 2 stet nicht steht.
» 85, unter Schmeller 1. Bd. 1672 nicht 182.